Un autre regard sur la bipolarité

Il n'y a pas de honte à préférer le bonheur

Benjamin Nemopode

Un autre regard sur la bipolarité

Il n'y a pas de honte à préférer le bonheur

Par

Benjamin Nemopode

Table des matières

Chapitre 1

Un coin en enfer

Ce livre sera pour essayer de me soulager, un témoignage que peu voudront lire pour cela, la souffrance fait peur, la souffrance fait fuir et la souffrance rend les autres souvent très lâches. Ma destinée est liée à ma maladie, je suis le jouet de cette maladie en quelque sorte, elle m'a plus fondé, je pense, que n'importe quoi d'autre.

Je suis bipolaire, type 1 pour ceux qui connaissent. Et s'il faut trouver un début, je dirais que cela a commencé à l'âge de 20 ans. Enfin 20 ans est l'âge où la souffrance est devenue explosion et enfer.

Je venais de vivre une relation amoureuse, elle avait 17 ans, elle
était belle et elle m'aimait. Je suis sans doute coupable de mes
emportements de cette époque, je l'ai perdue ainsi et je me suis
perdu. Cette douleur est encore là, dix-sept ans après, j'ai aimé de
nouveau mais elle est toujours restée, cette douleur, cette
déception, cette désillusion quant à la force de l'amour. C'est à ce
moment que j'ai vu mon premier psy, je ne savais plus où passer,
je pensais en permanence au suicide tout en pensant que cela était
un peu fou, cette si forte attirance. J'étais chez un ami qui
m'hébergeait quelques jours, je ne pouvais plus rester seul dans ce
cauchemar, nous avons appelé S.O.S suicide, un psy a rappelé et
nous avons fixé rendez-vous. Assez vite le psy m'a dit de lui faire
confiance, de tenir, que quelques semaines plus tard ceci ne serait
plus qu'un mauvais souvenir ; j'ai sans doute alors pris mes
premiers antidépresseurs. Je vivais seul, j'étais rentré chez moi.
Le psy m'appelait tous les jours pour me faire venir à son cabinet,
mais rien ne passait. Je lui ai finalement fait comprendre qu'il
fallait m'empêcher de me suicider car j'allais le faire, sans alors
de considérations existentielles, juste pour arrêter cette souffrance
inconcevable. Quelques jours plus tard je suis rentré à la clinique
Dupré à Sceaux, un service fermé, une petite unité de onze lits.

Là enfermé, plus moyen de mourir et pourtant le cauchemar
continuait de plus belle, je restais très souvent allongé, il n'y avait
rien à faire de toutes façons. J'y suis resté quatre mois et demi et
j'ai véritablement connu l'enfer. On changeait d'antidépresseurs
mais cela n'y faisait rien mis à part divers effets secondaires très
désagréables. Je ne prenais pas que des antidépresseurs d'ailleurs,
neuroleptiques et anxiolytiques étaient également au rendez-vous.
Je tremblais beaucoup, j'avais ce qu'ils appellent des impatiences,
et au bout d'un certain temps des escarres aux jambes. Une jeune

anorexique en manque de distraction s'occupait à me secouer un peu. Elle est restée je crois pendant tout mon séjour. L'unité était petite. Nous avions droit de fumer mais les cigarettes devaient être demandées une par une à l'infirmerie. Nous n'avions pas droit au feu évidemment. Tout était fait d'ailleurs afin de rendre le suicide impossible, les couverts étaient en plastique, il y avait un sas pour fouiller ceux qui parfois sortaient en visite avec leurs parents.

J'y suis resté longtemps par rapport à la moyenne des séjours, j'ai vu pas mal d'autres jeunes aller et venir. Beaucoup sortaient d'une tentative de suicide et ne comprenaient pas toujours comment ils avaient atterri là. On les voyait sortir de leur chambre perfusion à la main, à moitié hébétés. Certains venaient d'un autre bâtiment de la clinique où ils vivaient dans des conditions particulières. La clinique Dupré fait partie de la Fondation des étudiants de France, et même s'il y a à redire sur les soins qu'ils "administrent", il faut leur rendre hommage. A Sceaux au début des années 1990, il y avait plusieurs unités. Un service fermé, Clérambault 1, dit C1 puis d'autres services ouverts où les jeunes vivaient en essayant pour certains de ne pas décrocher d'une scolarité qu'ils avaient commencée. La clinique était considérée comme une annexe du Lycée Lakanal et des professeurs venaient y enseigner jusqu'au niveau terminale. Il y a des douleurs qui sont au-delà des mots et c'est pourquoi je ne tenterai pas de décrire davantage ces mois passés ainsi enfermé. Je pense que lorsque l'on vit ce genre de choses, et surtout si jeune, on devient pour toujours différent, on sait que l'enfer existe, qu'il est si près de nous, et surtout si loin des autres... C'est là que je suis mort la première fois.

Un autre temps

Il fut un temps où je n'avais jamais voulu mourir, un autre temps. Cela a bien dû m'arriver romantiquement lors de mon adolescence mais jamais sérieusement. Oui, il y a avant. Et après.

Chapitre 3
Clérambault

Je suis sorti du service fermé sans que la situation ne se soit
améliorée. Sur proposition de mon père il a été décidé que je
parte en vacances avec eux. Mes parents avaient loué une
caravane je ne sais où. Je suis sorti et je les ai suivis, ma sœur
aussi était de l'aventure. Je me rappelle vaguement tout cela, je
restais presque tout le temps au lit et lisais un peu. J'ai lu deux
courts romans de Nina Berberova. Mais je serais incapable de
vous dire où nous étions. Les gouttes s'étaient transformées en
cachets et j'en prenais de très nombreux. Au retour j'ai emménagé
dans un service ouvert de la clinique, même bâtiment mais au-
dessus. Ça repartait à l'identique, le lit et toujours le lit, puis j'ai
été mis assez vite sous perfusion d'Anaphranyl, et le soir j'allais
vers les autres. Nous étions vingt-cinq je crois, vingt-cinq
chambres sur un étage. Je me souviens bien d'eux et je pense à

eux souvent. Jérôme, Zoé, Corinne, Antoine, Isabelle V. et
Isabelle L., Philippe, Patrick, Céline, Marie Aurélie, Stéphane,
Claire, Nathalia etc. Ils vivaient avec moi. Il y avait aussi tous
ceux des autres pavillons dont Aurélia, Jean-Yves et de nombreux
autres. J'aime à les citer, je les aimais. Je dirais qu'en tout une
centaine de jeunes vivaient ainsi, protégés, sous médicaments,
loin de leur famille et bien souvent loin de beaucoup de choses.
Les histoires étaient diverses, beaucoup avaient fait des tentatives
de suicides. Nous en parlions, en principe, nous savions. Ils
étaient plus fragiles, plus sensibles, je pense qu'ils étaient
meilleurs.

J'ai réappris à vivre et cela était grâce à eux, le psy n'avait aucune
utilité et je ne l'aimais pas. J'allais mieux et pourtant j'étais allé
acheter une arme à grenaille. Je la gardais dans ma chambre pour
pouvoir en finir au cas où l'enfer revienne. Ils ont fini par la
trouver et j'ai été envoyé à l'HP. Vous savez quel est le problème
avec vous Monsieur Jobsquare? Me demanda le psychiatre lors
de notre dernier entretien : c'est que vous voulez être plus fort que
la mort. Pourquoi ? Lui, non ? Je trouvai sa réflexion idiote.

Chapitre 4
Quelques portraits

Une centaine donc, de quinze à vingt-cinq ans, que sont-ils devenus ? Combien se sont finalement suicidés ? Combien ne sont jamais vraiment parvenus à surmonter leur mal et l'injustice que cela représentait ? Combien sont désormais "intégrés" ?

Il y avait Jean-Yves tout d'abord, nous avions à peu près le même âge, il était du pavillon Bellechasse, suivi par Mme Lamour (quel nom pour une psy !). Je ne me souviens pas de notre première rencontre mais très vite il venait me voir tous les jours et parvenait ainsi à me sortir du lit. Pourquoi moi ? Je n'en sais rien, en tout cas il m'aimait bien. Il zozotait, c'était amusant, surtout parce qu'il parlait beaucoup, était hypocondriaque et toujours angoissé par ceci ou cela. Il avait pourtant également du recul sur tout cela et en souriait parfois. Grand, brun et assez pâle, sympathique. Les filles étaient son grand sujet de conversation mais la littérature aussi car il lisait beaucoup. Son plus grand traumatisme avait été je pense la perte de sa mère, d'un cancer. Il en gardait une haine profonde et ravageuse envers les médecins qui pour lui étaient responsables. Je pense que son hypocondrie venait en partie de là. Il prenait lui aussi beaucoup de médicaments ce qui n'arrangeait pas son zozotement.

Je sortais du lit pour le suivre, surtout par gentillesse au début car je ne suis pas quelqu'un qui dit facilement non, mais il est certain que cela m'a beaucoup aidé. Nous allions surtout aux terrasses des cafés et la discussion commençait. Il me demandait souvent mon avis, mon conseil, il semblait que ses pensées avaient toujours besoin d'être validées par un autre, et dans cette période précise ce fut moi.

Aurélia avait 19 ans. Un jour que j'étais de visite dans je ne sais quelle autre chambre d'un autre pavillon, je me suis retrouvé seul avec elle et je l'ai embrassée, c'était la première fois que je la voyais. Elle est donc devenue ma petite amie. Nous nous rendions visite d'un pavillon à l'autre. C'était une relation affective plus qu'un amour comme on l'entend habituellement, mais nous nous entendions bien et pouvions nous raconter nos malheurs. Je me souviens d'une fois où nous nous sommes retrouvés dans sa chambre chez son père à Paris, tous nus et pourtant sans envie de faire quoi que ce soit de sexuel. Je garde un souvenir très tendre de tout cela, après ma passion orageuse, je pense que cette situation me convenait tout à fait. De plus on aurait dit une petite fille. Elle était formée comme une femme, avec un très joli corps d'ailleurs mais il y avait sans aucun doute de la régression dans son comportement. Sa voix avait quelque chose d'infantile, son allure aussi et sa démarche rigolote, je la revois encore souriante dans son duffle-coat et j'en souris encore. Elle avait fait hypokhâgne je crois avant de chuter et était une grande fan d'Albert Cohen. Elle avait tout lu de lui. Il y avait chez elle aussi un traumatisme prégnant, un garçon, sa première histoire d'amour à elle aussi. Apparemment il s'était moqué d'elle et elle ne s'en était pas remise. Il faut dire que lorsque l'on a nourri ses rêves à Belle du seigneur, il est sans doute difficile de faire avec la réalité de ceux qui n'auront jamais ce genre de lecture. L'Anafranyl aidant je rentrais dans des phases de désinhibition, et il m'arrivait de traîner dans des chambres qui n'étaient pas la sienne, mais elle ne m'en voulait pas, elle était mon officielle. Notre relation s'est finalement interrompue lorsqu'ils m'ont envoyé à l'HP mais je me souviens l'avoir revue plusieurs fois, je me souviens l'avoir visitée plus tard, alors qu'elle était dans un autre établissement spécialisé dans Paris, cela lui avait fait plaisir, puis une autre fois quelques années plus tard près de la fac de Censier. Elle n'avait pas vraiment changé. J'ai récemment trouvé une trace d'elle sur internet où lui étaient attribués les costumes d'une pièce de théâtre, cela m'a fait très plaisir. J'espère qu'elle va bien et qu'elle est très heureuse. Jérôme était un cas à part, il était arrivé à mon étage vers la fin, il n'était pas souvent là, et cela semblait plus du dortoir ce lieu pour lui qu'autre chose. Mais un jour, un samedi, alors que je n'avais évidemment rien à faire, je l'ai suivi dans le parc pour fumer un join. J'avais un peu fumé avant, pas à la clinique mais avant, surtout à la campagne d'ailleurs, avec des amis. Je savais ce que c'était d'être défoncé. Je me souviens très bien de la scène, nous étions tous les deux sur le banc, il avait roulé, nous commencions à fumer. Je me souviens très bien de la seconde où j'ai pensé que je n'étais pas défoncé et de la suivante où j'ai compris que je l'étais comme jamais. Et c'était trop bon...

Très défoncés tous les deux nous avons décidé d'aller au cinéma, à Paris. Nous avons dû prendre le train. Je n'ai rien compris au film et lui a dormi toute la séance. C'était Dead Again film de Kenneth Branagh sur la réincarnation... C'est un film pour défoncés en fait, mais pas trop... Et c'est Jérôme que j'ai revu ensuite, après. Je pense que c'est lui qui m'a recontacté et je suis devenu son ami. Que dire de Jérôme ? Il avait à peu près mon âge, il vivait de la Cotorep et de ses parents. Le père était homme d'affaire et la mère artiste peintre. Il avait déjà fait plusieurs tentatives de suicide et un délire mystique, il avait de la difficulté à en parler, mais ce souvenir lui semblait merveilleux. J'ai vu Jérôme dans de sales états. Je me souviens d'un jour où il était en clinique après une tentative de suicide. Il était sur le lit, attaché je crois, la bouche noire à cause du charbon qu'on lui avait fait avaler afin qu'il vomisse, et il n'était visiblement pas très clair. Jérôme a vécu lui aussi de sacrées choses (je dis « lui aussi », car je prépare). J'ai de multiples souvenirs avec Jérôme. Je me souviens d'une fois, plus tard, où Jérôme allait mieux mais c'était sa sœur plus jeune qui avait fait une tentative de suicide, je me souviens que nous nous sommes retrouvés à un moment elle avec moi ce jour-là. Je me souviens lui avoir alors dit des choses qui l'ont marquée. Mais Jérôme était plutôt de nature gaie, il était suicidaire mais jugulait sa dépression avec l'alcool et les joins. Je me souviens de la première fois que j'ai vu ses parents. Nous étions encore à la clinique je pense, mais nous avions dû décider d'aller jusqu'à Montrouge où ils habitaient. Jérôme habitait au premier étage d'un immeuble, dans un studio. Nous voici allongés défoncés sur le lit, tout allait bien. Tout à coup, un type débarque, son père, et l'engueule, je reste sur le lit. "Vous avez fumé en plus" lui dit l'autre. Après un moment il repart en colère. Moi resté sur le lit, un peu surpris, je me marre plus qu'autre chose, incident sans intérêt, semble dire Jérôme. Mais quelques minutes

plus tard c'est la mère qui débarque. Saoule. "Oui vous avez
fumé, je peux fumer avec vous, etc.", la libérale, et saoule. Quelle
entrée en matière ! Ils habitaient en réalité au cinquième étage du
même immeuble.

Coulommiers

A la suite de mon renvoi de Dupré, je me souviens vaguement avoir atterri dans un grand hôpital psychiatrique affreux. Que des vieux abîmés déambulant, laissés là, mes parents m'ont fait rapidement sortir et j'ai été hospitalisé près de chez eux, à Coulommiers. C'était nettement mieux. J'étais choqué des derniers événements mais je n'allais pas si mal. Le médecin était intelligent. C'était à la campagne et j'étais libre de sortir dans le parc, je me demande même s'il était clôturé. Très vite j'ai eu une chambre seule, et avec télévision ! Si si, pas mal de confort. Aux entretiens, je citais des grands auteurs et je me suis rapidement senti mieux : je veux dire micux qu'à Dupré même, presque revenu à une humeur normale et reconnue. Il y avait aussi un psychanalyste qui venait le mercredi, je devais le voir. Je dois dire que j'étais un peu considéré à part je pense par le médecin, j'étais un jeune brillant si l'on peut dire, cultivé et sortant de classes préparatoires, il a pris particulièrement soin de moi. Le psychanalyste ne m'apportait pas grand-chose et c'est pourtant lui que j'ai revu ensuite, dans son cabinet parisien.

Il est difficile de décrire un hôpital psychiatrique car en fait aucun ne se ressemble. Celui-ci était grand, clair et en bon état, les patients étaient pour la plupart des chroniques. Je m'étais pris d'une certaine affection pour certains. Il y avait des fans de Johnny Hallyday -il y a souvent des fans de Johnny Hallyday dans les hôpitaux psy, je n'en tirerai aucune conclusion...- des débuts d'Alzheimer et aussi un dénommé Robert, grand fumeur. Robert était la plupart du temps enfermé en isolement, mais chaque matin il le sortait. Il avait alors droit à un paquet de cigarettes, des gauloises je crois, qu'il fumait en continu pendant environ une demi-heure, assis sur une chaise, allumant chaque cigarette avec le reste de la précédente, il fumait sans cesse, une à une tout le paquet. Il passait le reste de sa journée à en réclamer d'autres aux autres patients ou visiteurs. Il ne parlait pas, mimait juste continuellement le geste de fumer à tous ceux qu'il croisait. Telle était sa vie. Je ne sais pas depuis combien de temps il était là, des années sans doute. Quelle était sa pathologie ? Mystère. Quelle avait été sa vie ? Mystère. Il devait avoir environ cinquante ans et était plutôt en bonne forme physique. Je me souviens aussi de Marie-Louise. Elle c'était l'ascenseur, elle demandait perpétuellement à être accompagnée jusqu'à l'ascenseur afin de pouvoir retourner à l'étage, une fois en haut, elle redescendait par les escaliers et revenait formuler sa demande, ainsi elle aussi toute la journée. Nous mangions en réfectoire, la nourriture n'était pas très bonne, mais ça allait. J'aimais finalement assez cette ambiance, je me sentais plus spectateur qu'autre chose. Il y a eu quelques dérapages, une fois j'ai été attaqué par un patient que je connaissais pourtant bien et avec qui j'avais plus ou moins sympathisé. Il était sorti depuis quelques jours, de retour, me voyant dans le couloir il a voulu me sauter dessus. Il n'eut par la suite aucune explication à son geste. Je me souviens aussi d'un jeune black qui m'a soufflé un jour vouloir tuer quelqu'un. Mais l'incident le plus important à mon goût vint d'un infirmier de nuit qui a voulu faire du zèle. Il y a eu incident et certains ont été enfermés en isolement. Le lendemain, le médecin a écouté tout le monde, moi compris, et c'est l'infirmier qui a finalement été rappelé à l'ordre. C'était un bon médecin, assez jeune encore, pas trop abîmé je pense. Je crois que j'y suis resté un mois et demi en tout. A la fin, me sentant bien, j'ai même demandé l'arrêt des antidépresseurs, le médecin m'a suivi. Il faisait beau, j'étais souvent dans le parc, je suis sorti dans de bonnes conditions.

Chapitre 6
La vie après la mort

Cette phase d'hospitalisations avait duré plus d'une année, et je
me retrouvais finalement à vivre chez mes parents, tout en
montant par le train à Paris pour voir le psychanalyste. J'avais
désormais 22 ans. C'est beaucoup une année, surtout à cet âge où
les destinées semblent se construire. Je voyais Jérôme de temps
en temps, Claire et Nathalia aussi avec qui il avait gardé contact.
Je relisais, je n'allais pas si mal. Je pouvais de nouveau rire et ne
tombais plus vraiment dans des gouffres nauséabonds.

Ma sœur, qui vivait à Paris et que je visitais aussi, me proposa
bientôt de vivre avec elle dans son petit deux-pièces, qu'elle
louait près du métro Arts et métiers à Paris. Je la remercie pour
cela. Durant de longues années ma sœur a été près de moi, à

m'aider. Ce sont des jours finis, mais je n'oublierais pas cette période et cette aide. Je ne faisais rien de précis, je réapprenais à vivre, juste à vivre, c'était bien suffisant, il fallait aller étape par étape. Et que faire ? la prépa c'était loin et les inscriptions universitaires déjà faites. Travailler ? trop tôt sans doute. Non il fallait me réhabituer au monde, simplement à vivre. Une autre vie commençait : j'avais vécu ça, ça que les autres ne peuvent comprendre. Je suis retourné voir le psychiatre qui m'avait aidé au départ et, j'ai vite laissé tomber l'analyste que je ne pouvais d'ailleurs payer qu'avec l'argent de mes parents. Je vivais je pense alors avec un petit budget comme si j'avais été étudiant. J'allais souvent au cinéma, le cinéma a longtemps été une passion passive importante dans ma vie. J'ai ressenti adolescent de nombreuses émotions en allant au cinéma, je pense que c'est important d'ailleurs, que cela m'avait construit légèrement différemment des autres. Les émotions se forment aussi devant les écrans de cinéma, c'est certain. Je lisais de nouveau un peu, et surtout, tenais des petits carnets à spirales où je déposais un peu mes pensées. Je sortais aussi avec un ami du lycée que j'avais retrouvé par un hasard, un heureux hasard, Nicolas. Nous allions souvent dans le même bar, près de chez son amie. Toute une petite troupe de jeunes passait, et dans ce bar, et souvent dans cet appartement. Beaubourg aussi, j'avais pris un pass à l'année, à mon âge ce n'était pas cher. J'allais au musée et expositions, je me souviens très bien de Tony Cragg, sculpteur anglais que j'ai suivi par la suite. Mais aussi beaucoup à la bibliothèque. C'était avant sa réfection, il y avait moins de monde, pas cette pénible queue à faire dorénavant. L'année est passée facilement ainsi, et l'idée a germé d'aller m'inscrire l'année scolaire suivante en psycho à la fac. Pour essayer notamment de comprendre ce qui m'était arrivé. Mais aussi parce que ce sujet, la Psychologie, était devenu par contrainte, dirons-nous, le principal de mes réflexions. J'avais de plus la possibilité de ne suivre que les modules relatifs à la psycho, du fait de mon passage en Math Spé, sept sur douze, le DEUG en une année donc. J'avais aussi trouvé un petit job de surveillance dans une école primaire de Montmartre : je faisais la surveillance du repas de midi, puis la cour, et les études deux fois par semaine. Très vite à la fac, j'ai eu envie de retourner voir un analyste. A cette époque, je ne prenais plus de médicaments. J'étais sorti de l'HP clean pourrait-on dire.

Chapitre 7

L'année de fac

Très vite je ne suis plus allé aux travaux dirigés, seul celui de psychologie générale a survécu, c'était mi-philo mi-psycho, car dirigé par une femme philosophe, d'abord, et psychanalyste de surcroît. Je pense qu'elle se souvient de moi, j'étais presque le seul à la suivre sur son domaine et ça lui plaisait ; j'ai présenté un jour un travail sur la mémoire, d'après Funes ou la mémoire de Borges (Borges est plus important que l'on croit, notamment pour les psys). C'était amusant de présenter cela à cette petite assemblée ; elle m'avait mis 18, je suppose que c'était réussi. Ah si, j'allais aussi aux travaux dirigés de Joël Dor, ses cours en amphis étaient les plus prisés. Il passait son temps à fumer des cigarettes et expliquait la psychanalyse comme s'il s'était agi de mathématiques et démonstrations. J'aimais ça. A fond dedans il était, comme dans une science cartésienne et empirique. Lacanien comme aucun autre des professeurs, il entretenait une allure forte, mais sombre et sans espoir. Le tabac a dû tout simplement finir le travail commencé car je sais qu'il est décédé depuis. Il considérait la voie Lacanienne de l'existence de structures comme un fait, et parlait ensuite des hystériques ou des pervers comme s'il s'était agi de groupes autonomes possédant certaines caractéristiques : par exemple, "l'hystérique ne sait pas faire un choix". Je parlais très peu aux autres, je me souviens de quelques filles, c'était d'ailleurs très féminin. J'allais aux amphis en principe. Tout n'était pas intéressant, loin de là, il y avait des trucs où je n'allais jamais, Psychométrie par exemple, et Questions professionnelles. En fait je me suis vite rendu compte qu'il fallait aller à tous les travaux dirigés car ils comptaient de moitié dans l'obtention de chaque module. Je ne pouvais donc de toutes façons pas les décrocher mais je continuais à aller régulièrement dans les amphis, et ce toute l'année. C'est évidemment la psychanalyse qui est intéressante dans tout cela, il faut défendre Freud, il était brillant. Beaucoup de choses sont importantes chez lui. Il a mis le doigt sur beaucoup de vérités, mais a surtout su trouver des mots pour les décrire. Je suis d'accord avec lui sur la mélancolie en tant que perte du Moi, deuil du Moi en quelque sorte, car oui, le mélancolique c'est le Moi qu'il a perdu. Lacan c'est plus amusant et plus compliqué, c'est là que l'on rentre dans une tentative de mathématisation de la psychanalyse. Avez-vous déjà vu ses dessins et formules semblables à de la mathématique ? Comme des équations mathématiques. Je ne m'y suis pourtant pas plus penché que cela, j'en ai le regret car la topologie dont il s'inspire beaucoup était ma matière préférée des mathématiques, je me souviens que c'était le premier trimestre en Math Sup, j'étais second à ce moment-là. J'ai toujours aimé les mathématiques, c'est un autre univers et pourtant c'est cet univers, avec même un autre langage, fait de symboles mystérieux avant qu'ils ne vous soient révélés. Il y avait l'école primaire aussi. Les enfants sont pleins de lumières et j'en recevais beaucoup. Merci à eux. En plus au début, avec la nouveauté dirons-nous, ils m'adoraient. Dire qu'ils sont adultes désormais, comme cela est étrange, ils seront toujours enfants pour moi. Il serait pourtant amusant de voir ce que la vie a fait d'eux, et pour les plus chanceux, ce qu'ils ont fait de la vie. Cela me ferait très plaisir d'en revoir certains. Tout se passait bien à ce niveau-là donc. La directrice me faisait grande confiance et me faisais parfois même faire la classe lorsqu'une de ses instits était absente. Souvent après le repas de midi, j'allais passer le temps au cinéma Wepler ou dans les friperies autour de la place Clichy en attendant de reprendre l'étude du soir.

Parfois je voyais mes amis, quatre ou cinq surtout. J'allais souvent nager. Et je faisais de la photographie : je chassais à travers Paris toutes ses œuvres éphémères qui l'embellissent. Mesnager, Nemo et Misstic notamment. C'est cette année-là que j'ai commencé à tenir un journal intime. En plus des carnets. Souffrances quotidiennes surtout : le mélancolique était devenu dépressif chronique et s'en satisfaisait peu. Mais écrire m'a aidé. Une façon d'observer la pensée et d'en faire quelque chose. J'ai vite eu envie de retourner en analyse. Cela me paraissait une voie possible, pour m'écarter de mes maux et peut-être enfin les comprendre : le mathématicien voulant des raisons et des processus. Le premier rendez-vous date de janvier.

Chapitre 8
Suite

J'avais déménagé, en fait j'avais gravi juste quelques étages car
je me retrouvais au cinquième étage de la même adresse, je vivais
désormais seul mais ma sœur n'était pas bien loin. Le
psychanalyste était vers les halles, le premier entretien, celui de
rencontre dirons-nous, s'était bien passé, c'était en janvier. J'étais
très souvent déprimé, en réalité mon journal n'est que souffrance,
quand on a connu la mélancolie, on se satisfait presque d'états
pourtant terrifiants.

Je souffrais de la solitude, luttais contre le mal, je n'étais plus
mélancolique, non, j'étais devenu comme je l'ai dit un dépressif
chronique. Ce fut chaotique, le psychanalyste n'y mettait pas
beaucoup de volonté, en fait il n'y mettait aucune volonté. Après

le premier entretien il est devenu tout de suite très froid. S'il me donnait finalement sa main à serrer lorsque je lui tendais naturellement la mienne en arrivant, il m'en tendait une tellement molle, sans vie, que je compris que cela avait de la familiarité et qu'il n'y en aurait absolument aucune. J'avais peur de lui, je n'osais le regarder, jamais il ne m'a invité à m'allonger, il était face à moi, silencieux et je n'osais le regarder. Je pense que je l'ai très vite gonflé, et d'ailleurs il ne souvenait jamais de ce que je lui avais dit précédemment, de plus je lui parlais aussi de psychanalyse et je n'étais pas là pour ça. Il n'était pas bon je pense, et ses erreurs m'ont fait monter petit à petit. C'est à la date du 30 avril que sont notés les premiers éléments de l'épisode qui a suivi, une semaine après je suis allé en forêt de Maison Laffitte, j'avais besoin de Nature, je me souviens m'être tout à coup aperçu qu'une biche m'avait vu et me regardait, lorsque je croisais son regard, elle s'enfuie. Ce moment fut magique, comme si par nos regards échangés, elle m'avait passé quelque chose. Je ne sais comment raconter cette fin d'année, si elle est finalement tragique ou merveilleuse. Le regard que l'on porte sur les épisodes maniaques ne doit pas être trop pollué par l'avis des autres. Moi ils restent je pense les sommets de ma vie, maladie ou pas. Je me souviens de plusieurs épisodes particuliers. Je buvais de plus en plus d'eau notamment. Comme une purification naturelle du corps. Un jour j'ai eu une « expérience », mon premier « passage » dirons-nous. Allongé nu sur le lit les yeux fermés, j'ai senti quelque chose de particulier au niveau du nombril et celui-ci semblait se "désenrouler". J'ai senti alors mon ventre gonfler et tendre ainsi le nombril et le défaire, le "désenrouler". Mon esprit lui semblait aller ailleurs. Je me souviens avoir entendu deux voix en train de se parler, une scène dans un potager, deux hommes commentaient ma naissance dans un potager, je devais être un chou. Ils disaient quelque chose du genre : Ah le voilà, regardez, c'est Mister Chance ! Comme une naissance symbolique mais les voix me semblaient tout à fait réelles. Mon corps restait sur le lit, je semblais pourtant conscient d'y être toujours mais mon esprit semblait aller ailleurs, semblait voyager. Plus tard, au matin, dans l'autre pièce cette fois, alors que je m'étais allongé sur la moquette. J'ai assisté ainsi à une autre scène. Elle m'a semblé être également ailleurs mais peut-être future. Je n'entendais que les voix, deux hommes homosexuels attendant eux aussi une naissance. Je suis allé à mon rendez-vous chez l'analyste, j'étais très haut, au moment de partir je lui ai tendu mon portefeuille et il ne l'a pas voulu. Vous devez aller à l'Hôtel Dieu me dit-il. Dans le même immeuble j'ai ensuite sonné à une autre porte, une femme avec un bébé m'a ouvert. J'avais la sensation que quelque chose passait par les regards, « Mister Chance, lui ai-je dit, Souvenez-vous ! ». Moi, je me souviens avoir marché ensuite, il faisait chaud. Près du forum des Halles je me suis allongé sur le bitume, j'ai déposé mon portefeuille à côté de moi, et je suis parti. Plus tard je pense avoir téléphoné à mon père, car je me souviens l'avoir eu au téléphone. J'entendais alors deux voix dans ce téléphone, deux diapasons différents, une voix de mon père qui était gentille mais aussi une autre voix méchante contre laquelle je luttais, cette voix provenait -elle aussi de mon père ? en tout cas elle était elle aussi dans le téléphone. Plus tard encore une jeune femme dont j'étais proche appela également. Deux voix là encore dans le téléphone, la sienne mais aussi en superposée une autre voix de femme, méchante, comme un esprit ou une voix de sorcière.

Ensuite je me souviens que mes parents sont venus, mon père avait dû comprendre que quelque chose anormale se passait. Je les ai accueillis puis leur ai proposé d'aller faire un tour. J'étais tout à fait calme et de bonne, voire très bonne humeur. Dans la rue j'ai traversé sans regarder un seul instant si une voiture venait, je me sentais protégé, rien ne semblait pouvoir m'arriver. Mon père a pris peur et a alors décidé de me conduire à St Anne aux urgences. Je me souviens ne pas savoir où on allait et ne pas apprécier d'être en voiture. Alors qu'il y avait un arrêt de la voiture j'ai même essayé d'en descendre mais mon père m'a retenu. Arrivé à St Anne je me demandais bien ce que je faisais là mais n'avais aucune conscience d'où j'étais. Je me souviens vaguement d'un entretien dans un bureau où je suis sorti par la porte-fenêtre qui était ouverte. Puis d'une infirmière qui me questionnait, et moi qui lui demandais si on baisait ici. Après l'infirmière, mes parents sont partis. Juste ensuite j'ai vu un homme s'approcher de moi puis un second puis un troisième etc. Je ne sais combien ils étaient. Ils m'ont alors sauté dessus, m'ont harnaché à un lit et m'ont piqué. Je n'avais été violent à aucun moment. Je me souviens que la porte s'est fermée, que j'ai compris que chacun de mes membres était immobilisé et je me suis endormi.

Chapitre 9

Maison Blanche

J'ai été transféré à Maison Blanche sans m'en apercevoir. Le premier souvenir que j'en ai date de mon réveil, dans une chambre très claire et de l'entrée de plusieurs hommes dans ma chambre. Certains étaient là encore une fois pour m'agresser, m'immobiliser au cas où. Je me souviens encore de leurs regards. En un instant j'ai glissé sous le lit pour qu'ils ne puissent pas m'attraper. Après parlementations je me suis réinstallé dessus. Plusieurs me posaient des questions me semble-t-il, je ne leur répondais que par des mots : points de capiton, forclusion, et je ne sais quoi encore : des termes Lacaniens. "C'est du Lacan !" m'a dit alors l'un deux. Il était jeune, un médecin, c'est lui qui m'a pris en charge.

Souvent lorsqu'aujourd'hui je rencontre d'autres psychiatres ils me demandent dans quel bâtiment j'étais, à Maison Blanche donc. Je ne m'en souviens pas, cela me paraissait sans importance. Tout ce dont je me souviens c'est qu'il ne semblait pas y avoir de patients chroniques, j'appelle patients chroniques, de pauvres malheureux qui traînent enfermés depuis des années. Tout était en carré autour d'un patio, lui-même carré. Ce n'était pas spécialement désagréable. Le médecin m'a donné du Prozac. Je suis remonté tout de suite. Enfin c'est ce que l'on m'a raconté, il parait que je me suis notamment déshabillé devant tout le monde. J'ai été remis en isolement, je me souviens d'une scène dans cette chambre où deux infirmières me parlaient et essayaient de me faire manger. Puis il y a eu quelques jours étranges. Redevenu nu, j'essayais de plonger dans mon pot de chambre que j'avais posé sur le lit. Je passais aussi la serpillière, enfin, mon pyjama, avec mes excréments tout autour du lit. J'arrivais aussi à m'asseoir sur le bord très étroit de la fenêtre. Plusieurs jours plus tard un infirmier m'a ouvert et fait faire un tour dans les locaux. Je marchais devant, lui derrière, à me surveiller. Ensuite j'allais mieux et je passais presque toutes mes journées à marcher dans le parc. Il y avait à l'époque un grand bâtiment pour l'art thérapie, j'y pénétrais parfois. Je suis resté un peu plus de deux mois, toutes les vacances scolaires, j'étais pourtant suffisamment rétabli bien avant, mais au mois d'août le jeune médecin était parti en vacances, aucun autre ne voulait prendre la décision de me laisser partir, ils attendaient son retour. Je commençais sérieusement à m'inquiéter, je voulais au moins reprendre mon travail, l'école, début septembre. Les jours avançaient et s'en approchaient. Mon père était prêt à user de son droit de faire lever l'hospitalisation, hospitalisation d'un tiers, lui étant le tiers. Le médecin a fini par rentrer, je l'ai vu et je suis sorti le 31 août. Le lendemain je reprenais l'école, ce ne fut pas facile mais j'y suis parvenu. Je

considère cela absolument scandaleux, je restais réellement
enfermé parce qu'il était parti en vacances, j'aurais pu sortir
plusieurs semaines plus tôt et mieux me préparer pour la rentrée.
J'ai écrit un peu de "poésie" ensuite, je ne sais plus quand, sur
cette période : *Souvent ici il n'y a pas d'air mais au loin on peut
apercevoir les arbres libres. Ceux d'ici leur ressemblent mais ils
se dressent sur du désespoir. Un avion passe, un téléphone sonne.
Est-ce pour vous ? On pense à ses paires, on se dit que l'on
sortira, bientôt peut-être, quand le téléphone sonnera de
nouveau. Dans l'isolement on a cru saisir une phrase : "Ça y est,
je ne suis plus infirmière psy". Eh oui, et si cela était tiré au
sort... Alors on regarde sous la porte ou par la meurtrière si les
clefs ne sont pas en train d'arriver. On se dit que l'on deviendra
homme de ménage pour récupérer les clefs. Dehors on entend
une scène de chasse en Bavière le jour, et les cerbères aboyer la
nuit. Ici ce n'est pas Washington mais c'est bien Maison Blanche.
En sortant, on se dira que Dali avait raison ou plutôt on aura
oublié et il se pourra que les montres ne coulent plus.*

Épisode confuso-délirant, voilà comment ce fut appelé par le
jeune médecin. En fait il s'agissait soit d'une décompensation
causée par mes chaotiques séances d'analyse soit de mon premier
épisode maniaque. J'ai revu le psychanalyste une seule fois après
cela, il m'a dit qu'il valait mieux arrêter pour le moment. Je suis
donc retourné voir le psychiatre de mes débuts et il m'a fait
commencer le lithium, j'avais désormais 24 ans. Je n'ai pas grand-
chose à raconter concernant les trois années qui ont suivi, j'ai
continué l'école et j'ai arrêté la fac, enfin je n'y suis pas retourné.
Mon journal aussi s'est arrêté, je ne le pris que quelques rares fois
au long de ces années. Mon père est décédé, en 1996, et j'ai
déménagé deux fois. La vie devait être très monotone. Fin 97, j'ai

décidé de partir à Londres : c'est la chose la plus intelligente que
j'ai faite de toute ma vie. J'avais 27 ans. God save the King.

Chapitre 10
Mise au point

La maladie bipolaire est une maladie terrible et je ne le répéterai jamais assez. Tout d'abord par la souffrance des épisodes mélancoliques, de véritables cauchemars éveillés, si difficiles à décrire, au-delà des mots : une douleur continue et d'une intensité irrationnelle. Le mélancolique souffre comme aucun autre ne peut le deviner. De plus ces épisodes de vie transforment tout autour de lui, sa vision du monde ne sera plus jamais la même et surtout la longueur de ces épisodes détruit presque tout ce qu'il a pu construire. Parfois après tant de lutte. Tout sera changé. Sa destinée sociale, son rapport aux autres. Et lui surtout. Il ne sera plus jamais le même. Il est aussi très difficile et parfois très long de se remettre d'un épisode maniaque. Surtout que celui-ci peut malheureusement être suivi d'un épisode mélancolique. Dans la phase maniaque le sujet peut également ressentir un bien-être extrême, parfois une impression de vivre enfin, et il sera ensuite nostalgique et toujours à la recherche de cette hauteur d'humeur.

Cette maladie va bien souvent l'écarter de la société, perdre son travail, arrêter ses études etc., et il aura ensuite peu d'armes pour la réintégrer. La dureté du monde social auquel il pouvait être plus ou moins habitué va souvent lui ouvrir de nouvelles plaies. Il n'a plus de repère, il est différent à jamais des autres et doit jongler avec ces différences de sensibilité. La maladie change ce pourquoi il semblait être fait. Elle change sa destinée.

Chapitre 11

Londres

Je suis parti avec un gros sac, un peu d'argent, et une adresse de quelqu'un prêt à m'héberger quelques jours. J'étais déjà venu deux fois quelques jours dans les Youth Hotels. Mon Anglais était très mauvais. Malgré cela j'ai trouvé un logement puis régulièrement du travail. J'ai pu laisser en France une image que les autres me renvoyaient et qui ne me correspondait plus. Je ne sais pas exactement ce que pensent les autres de cette maladie, d'ailleurs les autres je les comprends de toutes façons de moins en moins. L'avantage en Angleterre est que je ne parlais pas de ma maladie, moi je la savais existante, mais j'ai longtemps été là-bas le seul à le savoir. L'Angleterre, Londres devrais-je peut être dire, est un pays où tout le monde est considéré différent car tout le monde est différent. Selon moi, le Français cherche à devenir un cliché. Ils sont presque tous des clichés.

J'habitais une maison partagée, à Camberwell pour ceux qui connaissent, London SE5. Nous étions huit, lorsqu'un partait nous passions une annonce dans le journal et recevions alors des visites. J'ai vu passer et cohabiter de nombreuses personnes. Il était bien de ne pas vivre seul. J'y suis resté quatre années et demie. Je me suis remis à écrire mais cette fois un roman m'est venu. Je l'ai travaillé et fini. J'en suis tout à fait fier. Beaucoup de poésies aussi. Il y a quelque chose de très romantique avec l'écriture, surtout lorsque vous vivez vraiment avec elle, voire pour elle, qu'elle vous accompagne presque en permanence. Je me promenais aussi beaucoup et mes différentes périodes de travail m'ont fait connaître plusieurs quartiers de Londres. Être dans un pays étranger vous met en éveil et parler une autre langue fait en quelque sorte construire une autre structure à votre Moi. Je peux dire que je ne suis pas exactement la même personne lorsque je parle Anglais. Je préfère d'ailleurs parler Anglais. Vivre en Anglais. Je prenais mon lithium et n'avais pas besoin de voir spécialement un médecin pour le renouveler. Je glissais ma demande de renouvellement dans la boite aux lettres du dispensaire et venais retirer l'ordonnance par la suite. Même si j'avais encore tendance à la dépression et que j'étais psychologiquement sensible et fragile, je n'ai pas eu d'épisode sérieux. Aucune consultation ni hospitalisation. J'ai été serveur, employé d'usine et autres, mais j'ai vite compris que les études de marché me permettraient de vivre correctement. Parler le Français fut dans ce cas-ci bénéfique. J'ai aussi connu une histoire d'amour, la seule véritable histoire d'amour après l'échec de mes vingt ans. Ces années à Londres furent bien meilleures que bien des précédentes.

Chapitre 12

Réflexion

J'ai toujours l'impression d'être à la recherche de quelque chose que j'ai perdu. De manquer de ce quelque chose. Je ne sais pas comment l'appeler, une humeur, une intelligence, un Moi.

Quelque chose que je possédais avant ma première chute et que je cherche perpétuellement à retoucher, à re-sentir, à retrouver.

Qu'est-ce que le Moi, puisqu'il semble pouvoir être détruit dans ces épisodes ? Que reste-il de lui ensuite ? Que reste-il de moi ?

Chapitre 13
Montréal

Je suis parti à Montréal comme j'étais parti pour Londres, avec un gros sac et un peu d'argent. Cette fois-ci c'est à l'auberge de jeunesse que j'avais décidé d'atterrir. C'était au moment des élections en France, donc avril 2002. Les dernières années à Londres j'avais petit à petit monté un dossier pour obtenir un visa permanent Canadien. Le fait d'être bilingue et d'avoir déjà pu migrer et travailler dans un autre pays que mon pays d'origine me donnait pas mal de chances, au bout d'une longue procédure je l'ai effectivement obtenu. En 96, j'avais déjà passé deux très agréables semaines au Québec, j'avais très envie d'essayer d'y vivre. Montréal est une ville très agréable et c'est vrai que son plateau est comme un village. C'est là justement que j'ai trouvé un logement, avenue des Érables pour ceux qui connaissent. Un trois-pièces partagé avec une jeune fille, Marie-Claude, elle avait

alors 20 ans je crois, dans un petit immeuble, machine à laver au
sous -sol. J'ai commencé à travailler en septembre, dans un grand
collège privé très réputé. Je m'occupais des treize quatorze ans,
que j'encadrais, surveillais et avais une heure en étude dirigée,
heure pendant laquelle ils faisaient leurs devoirs aidés par deux
étudiants en cas de difficulté. Le directeur était ecclésiastique,
mais la religion n'intervenait en rien dans l'éducation. Il y avait
trois sous-directeurs, deux hommes et une femme et j'étais sous la
responsabilité de l'un deux. Il était très sympathique et mériterait
que je mentionne son nom. C'était sa dernière année, il était
critiqué par les profs mais je trouve qu'il tenait tout à fait bien son
rôle. Je portais le titre d'éducateur, nous étions deux éducateurs
par niveau. Il y avait aussi un certain Pastrèsclair, responsable
quant à lui des absences. Souvent nous suivions ses instructions,
mais en aucun cas il n'était censé être mon supérieur.

Pendant longtemps tout se passa très bien, les élèves étaient
formidables. Cela me changeait, je n'avais jusque-là connu que
des primaires. Le parc Lafontaine était tout près de chez moi,
c'est un très beau parc urbain et en hiver il est tout simplement
magnifique, son plan d'eau devient patinoire et la neige décide de
tout le reste. Il y a beaucoup d'écureuils dans ce parc, des
écureuils gris comme ceux de Londres. Il y a un climat différent
dans cette ville de ce que l'on peut trouver en France et il y plane
un air de bien-être peu commun. Dans la rue les gens sont tout à
fait cordiaux, et leur tutoiement fort agréable. J'ai rencontré un
couple un soir dans le parc, soir où avec Marie-Claude nous
avions bu un peu et étions sortis en profiter. Je les ai rencontrés
dans le noir, nous ne pouvions pas du tout nous voir, ni nos
visages ni même vraiment nos corps, c'était amusant. Lui est
devenu mon ami. Ils se sont séparés par la suite. Saïd était

chercheur à l'université, spécialiste du cerveau, principalement la mémoire et les drogues, il est ensuite venu vivre tout près de chez moi et ce fut très pratique. J'ai acheté un ordinateur et j'ai pu travailler à un second roman. Je me suis mis à peindre aussi, Marie-Claude a finalement déménagé et sa chambre est devenue mon atelier. Peindre me procurait beaucoup de plaisir, j'utilisais surtout des gels acryliques pour des œuvres où la Nature, que l'on sent là-bas si forte, et la lumière, la lumière d'hiver à Montréal lorsque le soleil éclaire la neige, exerçaient une influence prégnante. Saïd appréciait beaucoup mon travail. Chaque œuvre finissait empaquetée soigneusement en vue d'une exposition à venir. Je participais aussi à une émission sur une radio locale. C'est par hasard que j'avais croisé l'animateur et qu'il m'avait demandé de venir présenter la scène française alternative dans son émission. Je me suis toujours intéressé à la musique sans finalement jamais en faire. Je suis beaucoup allé en concert, dans des petites salles parisiennes : Élysée Montmartre, Divan du monde et Arapaho. Mais aussi à Londres. Nous enregistrions tous les dimanches après-midi. Je me souviens avoir interviewé Vincent Delerm. J'étais plutôt heureux d'être là-bas, j'avais pris un rat pour compagnon, Arthur, et je le laissais libre dans l'appartement, mais c'est au-dessus du frigo où il trônait qu'il passait le plus clair de son temps. Je ne sais plus quand l'incident est arrivé mais je ne l'ai pas vu venir. Je pense que c'était en février. Le responsable des 17 ans à l'école est parti, pour un autre travail je crois, et ils m'ont proposé de le remplacer. J'étais très attaché aux miens, je n'avais pas envie de les quitter et nous avons trouvé un arrangement pour que je puisse m'occuper des deux tranches d'âge en même temps. J'avais ainsi toujours les plus jeunes aux heures du repas et en études, où je les aidais moi aussi à faire leurs devoirs : la surveillance seule était bien ennuyeuse et avec l'accord enthousiaste de mon supérieur, je m'additionnais aux aides aux devoirs, mon niveau scolaire me le permettant. Tout ceci a agacé Pastrèsclair sans que je m'en aperçoive : la confiance que nos supérieurs m'accordaient mais aussi ma relation avec les élèves, qui était très bonne. Un jour, au moment de l'étude il m'a coincé dans une pièce du fond et a commencé à me crier violemment dessus. Il s'est aussi mis devant la porte pour m'en barrer le passage. Certains élèves assistaient à la scène, la porte étant vitrée. Nous nous sommes finalement rendus dans le bureau de notre supérieur direct qui me donna raison. Mais je ne voulus pas en rester là. A ma demande j'eus un entretien avec le principal directeur. Je voulais qu'il soit clairement signifié à Pastrèsclair que s'il recommençait ce genre de choses ce serait le renvoi. J'étais très tendu par tout cela et je devais continuer à travailler avec lui comme si de rien n'était. Je n'ai pas eu de réponse satisfaisante et j'ai décidé de démissionner. Je pensais avoir tout à fait raison de le faire.

Raison ou tort d'avoir pris cette décision un peu précipitée, je ne me pose plus cette question, cette agression a tout détruit autour de moi, toutes ces années de lutte pour me réintégrer à la société, et tenter d'y vivre heureux. Il y a des événements de vie qui sont pour la plupart des gens surmontables, mais pour le bipolaire, chaque événement douloureux peut le conduire au cauchemar. Comme s'il avait dépassé depuis longtemps sa tolérance au chagrin.

Chapitre 14

L'arrivée du cauchemar

Au début j'ai cru que j'allais y arriver. Il faut dire qu'avant l'incident j'allais bien. J'ai cru que je pourrais vivre sans le Collège. Alors je me suis mis à chercher du travail tout en passant mes journées à peindre et à écrire. J'ai ainsi trouvé quelques heures pour un nouvel emploi. Des études de marché comme en Angleterre, mais cette fois-ci Face to face. J'étais dans un grand centre commercial et j'invitais certains passants, toujours des femmes, reine des consommateurs, à essayer quelque produit et de répondre à une étude sur ce même produit. Un paquet de lessive ou je ne sais quoi d'autre. On parlait packaging, habitude de consommation etc. Il n'était pas question de vendre, parfois d'ailleurs nous avions des prototypes. C'était amusant. Ça me plaisait, mais ne constituait que peu d'heures. Je continuais aussi le show radiophonique.

Mais petit à petit, en parallèle, sournoisement devrais-je dire, le chagrin effectuait son travail. Je continuais pourtant à aller bien, je pensais surmonter. Mon expérience de peinture devint presque surnaturelle. Selon moi ce que je faisais avait à voir avec de l'expressionnisme abstrait, disons que ce que je faisais avec la matière était la base de la construction. Une sorte de Jackson Pollock mais dont le processus serait plus sage et qui deviendrait pour finir, comme par enchantement, figuratif. Mes sens ont commencé à se développer de façon spectaculaire, tout devint plus intense. Mon roman lui aussi de ce fait plongeait dans le surnaturel. Je sentais de nouveau ce que j'avais ressenti à Paris, avant Maison Blanche. Un ailleurs.

J'avais trouvé une petite annonce qui me plaisait. Je ne sais plus comment cela était formulé mais je suis allé voir. Patrick il s'appelait, roue de médecine et autre communication extra sensorielle. Il était plus jeune que moi et me raconta son histoire, nous étions tous deux assis face à face sur un joli tapis. Il lui arrivait de communiquer avec les morts. Cela avait commencé avec sa mère me dit-il, elle était morte lorsqu'il était encore jeune. Sa mère communiquant ensuite avec lui. Parfois d'autres communiquaient aussi. Ce qui est fascinant avec ces gens-là est que s'ils sont en réalité psychotiques (ce que je ne dis évidemment pas), leur délire est parfaitement ancré dans leur réalité. J'y étais à la fois par curiosité et pour me confier un peu quant à ce divin que je ressentais. Aucun esprit ne vint nous rendre visite mais j'ai un excellent souvenir de ce moment. Lorsque vous devenez spirituel il est toujours bon d'en rencontrer d'autres, de partager ensemble, voire de sentir ensemble. Enfin toujours bon je ne sais pas, toujours intéressant sans aucun doute. Car j'en ai vu un second, il était plus âgé et plus étrange, je lui ai avoué mon intuition de l'ailleurs. Mais alors que pour moi, cet ailleurs n'était peuplé que d'entités bénéfiques, il m'affirmait comme avec certitude, que les forces du mal y étaient aussi présentes. Je ne peux m'empêcher de penser que je suis en France et que ces personnes vont de fait prendre des imaginaires douteux dans l'esprit de lecteurs français. Il y a une intolérance spirituelle en France vous savez ? dites Dieu à un Français et God à un Anglais par exemple, et vous verrez les réactions que vous obtenez. Leur chasse aux sectes n'a pas d'équivalent au Canada, il y règne une possibilité mystique. Possibilité qui était déjà là, les Indiens ont laissé leur trace... J'avais acheté des pierres semi-précieuses, je fumais de la sauge... Le premier incident dont je me souviens est que l'on m'a retrouvé un jour nu dans un palier d'habitations, dans un couloir, j'avais même sonné, je me souviens, à une porte et l'on m'avait ouvert alors que j'étais nu. Je crois que c'était une femme qui a ri en me voyant, et a dû appeler les flics, je me suis retrouvé à l'hôpital psy. Je ne me souviens pas vraiment de cette hospitalisation. Juste d'être sorti rapidement et d'avoir passé une nuit chez Saïd avant de retourner chez moi. Je me souviens d'une autre hospitalisation et probablement d'une troisième, je mélange un peu. Je me souviens que Saïd un jour m'y a conduit et que j'y ai passé une nuit avec Arthur que j'emportais parfois avec moi. Je me souviens en tout cas très bien d'une scène. Il y avait un certain Jean-Sébastien avec moi, ce qu'il faisait là, je ne le sais pas. Ils l'avaient ramassé dans le parc m'a-t-il dit. J'étais très haut, et il était très haut, comme si nous n'étions pas là par hasard. Très vite nous étions dans une communication parallèle, nous communiquions ailleurs, ensemble. Moi à l'autre par son intermédiaire. C'est étonnant comme il est difficile de décrire ce genre de communication : elle est aussi sensorielle. A un moment, nous marchions ensemble dans ce petit bout de couloir, et j'ai pénétré dans une chambre. Un jeune homme dont le nom était affiché, Jean-Nicolas, y était allongé. Une fleur dans un pot d'eau posée sur le sol à côté de son lit. Je me suis approché et ai senti la fleur, Tu la sens ? lui ai-je demandé. Voulant dire : sens-tu la fleur à travers moi ? Comme si son cerveau recevait l'information en même temps que moi. Il a parfaitement compris et m'a dit oui, il a aussi rajouté : « Je n'avais pas compris pourquoi je restais deux jours de plus, maintenant j'ai compris ». Si un jour vous lisez ces lignes, Jean Sébastien et Jean Nicolas, sachez que je me souviens de vous et que je vous aime. Et que je n'ai pas pu aller vers le point rouge du parc. Ensuite ils nous ont séparés, moi et Jean-Sébastien et je me suis retrouvé dans une autre section.

C'est à la suite de cette hospitalisation que je me suis écroulé. Quand je suis sorti j'ai compris que la mélancolie revenait et qu'elle allait m'attraper. J'ai vu l'horreur arriver, et j'ai tout fait pour me battre encore alors que tout se déglinguait. Et j'ai glissé, dans le gouffre, l'horreur, une douleur jusqu'à la mort et qui détruit tout. Je connaissais, j'en avais la malheureuse expérience. Mais là j'étais seul. Tout le pathos de la démission a ressurgi, la mort rodait. Que faire ? Pour ceux qui ne connaissent pas la mélancolie il faut dire que dans la mélancolie la douleur atteint des degrés inimaginables pour un être sensé. La douleur dépasse la raison. J'ai tenu plusieurs mois en tout cas mais je n'ai fini que douleur. Je me souviens être parti en vacances avec un ami venu me visiter et du calvaire que ce fut pour lui et moi. Je me souviens même avoir réussi à retrouver du travail pour la rentrée suivante et d'être absolument incapable de le faire. Oui j'ai lutté mais il n'y avait rien à faire. Le monstre allait de nouveau gagner.

Ma mère est venue pour me rapatrier en France. Elle a eu beaucoup de courage et elle a lutté contre des propos très défaitistes, je ne pensais jamais pouvoir arriver à prendre l'avion et lui avais dit, je n'étais qu'un être allongé sur le sol et qui souffrait. Je n'ai que très peu souvenir de ce voyage, juste me réveiller et être priés par une hôtesse, moi et ma mère, de sortir de l'avion car nous étions les derniers. J'étais mélancolique et de retour en France.

Chapitre 15
Les jours tristes

Je recompose plus que je me souviens de la suite des événements.
Je suis allé à l'H.P. tout d'abord, un H.P. du 93, quelques jours.
Mais il a semblé tout de suite clair au médecin que je ne pourrais
pas vivre ma mélancolie dans ce lieu et elle m'a transféré dans
une grande clinique de la région parisienne. C'est un certain
Docteur J. qui m'a reçu. J'étais dans un drôle d'état, comme sonné
par la douleur. Je pense que cette hospitalisation a duré plusieurs
mois. Le docteur J. a voulu lire mes romans et je lui ai passé
copies. Ce fut une erreur. Il a ensuite décrété que j'étais écrivain,
et essayé de me forcer à écrire, une sorte de tentative de
sauvetage par l'écrit. Mais je ne le pouvais pas, ne comprenait-il
donc rien à mon état ? Il me faisait parfois attendre des heures
dans la salle d'attente alors qu'il m'avait appelé pour un rendez-
vous, c'était son grand jeu, faire attendre ses patients, il devait

considérer cela comme thérapeutique... Assis en face de lui il m'écoutait à peine, et rien n'avançait. Il y avait un grand tableau au mur, on aurait dit une immense bouse d'excrément. Un jour il m'a même emmené à St Anne un mercredi pour une présentation de malades, un double diagnostic à ce qu'il disait. Tel un singe je me suis retrouvé parmi une assemblée de médecins ou élèves, autour d'une sorte de maître que je semblais beaucoup amuser. Mais rien n'avançait, et certainement pas l'écriture.

C'est là que je me souviens d'Anne. Depuis combien de temps y étais-je ? Je ne saurais pas dire mais Anne a changé la donne car j'en suis tombé amoureux. Allais-je mieux ? je ne sais pas vraiment, mais j'arrivais à ressentir.

La première fois que je l'ai vue, elle peignait une chute de femme au fond de l'atelier d'ergothérapie, elle avait fait les beaux-arts. Elle était très belle. Je crois que c'est elle qui m'a donné un baiser un soir. Je me souviens d'un autre personnage, lui avait écrit un scénario et voulait qu'il soit tourné avec Pacino et De Niro sinon il se donnait la mort. Il comprenait bien que cela était quasi impossible et c'est justement pour cela qu'il voulait se donner la mort. Je ne sais pas ce que valait son scénario, mais je sais que le docteur J. ne voulait pas le laisser sortir. Anne avait une chambre juste au-dessus de la mienne et c'est avec grande surprise que je vis un soir une bouteille descendre par la fenêtre au bout d'une ficelle. Une petite bouteille d'eau vide et contenant un message, nous avons commencé à communiquer ainsi, si romantique… Et puis il y a eu la sismo, c'est moi qui l'ai finalement demandée. La sismo, ce sont les électrochocs modernes. Sous anesthésie générale, on crée une crise d'épilepsie par décharges électriques dans le cerveau. On pratique la sismo en cas de dépression lourde ou de mélancolie lorsque le sujet ne réagit pas aux antidépresseurs. Au réveil vous ne vous souvenez plus de rien, même votre nom semble difficile à trouver, puis les souvenirs reviennent petit à petit. Mais à long terme, il est toujours difficile pour moi de me souvenir des périodes liées à la sismo. La sismo est évidemment un traitement lourd mais dans de nombreux cas elle est efficace. Je suis peut-être allé mieux par moments grâce à elle mais cela n'a pas duré. Puis je me suis retrouvé à l'hôpital psychiatrique sans trop savoir comment. Anne juste sortie je crois avait écrit une lettre au Docteur J. en disant que j'avais entre autres essayé de l'étrangler !! Lui ne m'a pas donné d'explication, et le pire est que j'ai dû vivement insister pour récupérer mes romans, il voulait les garder. Je n'ai évidemment pas essayé d'étrangler Anne, j'ai revu Anne d'ailleurs, après, elle avait fait cela comme un trait de sa pathologie dirons-nous : elle avait des antécédents dans ce genre. Elle n'était pas suivie par le

Docteur J. mais il aurait pu se renseigner auprès de son collègue avant de prendre bêtement cela pour argent comptant. Ce médecin est une nuisance, il met des vies en danger par sa bêtise. J'insiste un peu car j'ai ensuite découvert un article de lui dans une revue spécialisée, cela s'appelait La folie est-elle une idéologie ? C'est la psychiatrie bonhomme qui est une idéologie. A l'H.P. j'ai revu le même médecin que la première fois, elle m'a cru : vous n'avez pas de chance Mr Jobsquare m'a-t-elle dit. Et j'ai changé de clinique.

Nouvelle série de sismos, sans résultat. Le médecin cette fois était un rigolard qui ne se prenait pas comme l'autre pour un intellectuel et cela s'est mieux passé. Je suis pourtant resté plus de quatre mois. Je ne prenais plus de lithium, je crois que c'était une idée de l'idéologue afin de se concentrer sur la dépression, au bout d'un moment je suis allé mieux mais je n'avais en France rien pour me loger ni de finances pour vivre.

Chapitre 16
Début de l'éveil

Cela fait beaucoup de souffrance pour un homme, trop,
indéniablement. Il y a sans doute un seuil de souffrance qu'un
homme puisse subir et il y a bien longtemps que je l'ai dépassé.
La plupart des êtres humains ne vivront jamais de telles douleurs
et de telles déchéances, ils ignoreront même pour la plupart ce
que peut être ce genre de souffrances. S'ils savaient la chance
qu'ils ont. De vivre, de laisser le temps les emporter. Je ne crois
pas à cette phrase de Nietzsche qui dit que ce qui ne tue pas rend
plus fort, la souffrance détruit la personnalité, elle détruit l'être.
De plus lorsque vous souffrez vous avez besoin de tout le monde
et personne n'a besoin de vous. Il faut aussi lutter contre le regard
qu'ils portent sur vous, comme si vous étiez coupable. Ils ne
sauront jamais cette souffrance mais la jugent pourtant souvent.
Beaucoup vous délaissent. Il n'y a rien de romantique à la douleur

psychique lorsqu'elle atteint de tels degrés. Dans cette nouvelle clinique, au bout de plusieurs mois, j'ai commencé à me sentir mieux. Je jouais parfois à des jeux avec les autres patients et faisais de nombreux tours de parc. Musique aux oreilles je marchais pendant des heures. Je me souviens notamment d'un morceau de Godspeed You ! Black Emperor qui rythmait mes pas et d'un homme y disant "The car is on fire and there's no driver at the wheel". Je trouvais que cette situation convenait à la fois à ma situation et à la situation générale du monde. De plus je prenais un peu cela pour un message, le nom de ce groupe, oui j'étais peut-être ce Black Emperor et Dieu me retouchait peut-être, me donnait de l'élan. Il m'arrivait ainsi de ressentir « La force » ? et de me sentir très bien, oui l'idée de Dieu réapparaissait. Sous le patio où les patients se retrouvaient souvent, je me souviens de deux jeunes filles qui se disputaient presque le privilège de poser leur tête sur mon ventre alors que nous étions assis au sol. Il n'y avait là ni tentative de séduction ni sexualité, ce qu'elles y trouvaient était semblait-il un rayonnement, un confort tout à fait particulier. Il commençait à faire beau et je sortais aussi en dehors de la clinique. J'avais trouvé un endroit où je pouvais mettre discrètement ma peau au soleil près d'un cours d'eau, j'y ai rencontré deux jeunes pêcheurs avec qui je fumais parfois des joins, je pense que le médecin le savait mais ne disait trop rien, il devait comprendre que mes plaisirs étaient rares.

Mieux, il me fallait dorénavant sortir. Lors de mes promenades à l'extérieur j'ai prospecté pour un appartement, ma sœur m'a finalement prêté de l'argent et un ami s'est porté caution. Et j'ai finalement emménagé tout près de la clinique.

Chapitre 17
L'appartement

C'était un grand appartement. Je n'avais pas besoin de si grand mais je n'avais pas vraiment choisi, il m'en fallait un vite, j'avais pris celui-là car il était disponible. Je l'ai à peine meublé, un futon, un fauteuil de récupération et quelques coussins. Je ne me souviens pas très bien de cette période, elle est confuse, et tout porte à croire avec le recul qu'il s'agissait bien d'une montée en phase maniaque. Mes ambitions nouvelles pour me réintégrer à la société n'étaient peut-être pas viables, mais il fallait bien croire en quelque chose. J'avais pensé à diverses choses, recevoir des élèves en difficultés scolaires notamment, j'avais réservé un coin de l'appartement pour cela. Monter une petite entreprise de services en informatique, aide et conseils d'utilisation marketing de l'Internet, ou quelque chose comme cela. Si possible avec de l'expérience, tenter aussi l'aventure en Angleterre et pouvoir vivre entre les deux pays. Je m'étais bien renseigné et avais rédigé un contrat-type. Je ne voyais personne ou presque, et de toutes façons personne ou presque ne voulait me voir. Anticipant le succès ou le développement de mon entreprise j'ai acheté une carte fréquence Sncf qui m'a coûtée assez cher, je faisais aussi certaines autres dépenses farfelues, des vêtements pour enfants par exemple. Et avais commencé des cours de mandarin avec un professeur particulier. J'étais totalement déstructuré, socialement déstructuré, mais je luttais. Mon côté spirituel revenait, je rentrais assez souvent en méditation, j'avais aussi acheté un livre sur le tarot chinois dont les arcanes m'aidaient, bougies, encens. Je ne sais pas exactement quand j'ai lu Ma vie de Carl Gustav Jung mais je sais que cela m'a beaucoup influencé, je me retrouvais tant dans certaines expériences mystiques de sa vie. Je le considérais comme une sorte de père intellectuel. Je me souviens avoir pris quatre livres à la bibliothèque, La foire aux immortels d'Enki Bilal, La voie de l'énergie (éveil et développement du chi, ou énergie vitale) de Vlady Stevanovitch, Un mythe moderne de C. G. Jung (où il s'interroge sur la mythologie des soucoupes volantes) et un livre énorme sur Antonin Artaud, avec en couverture son visage jeune qui habitait mon quotidien, seule image d'un autre. Savez-vous qu'Artaud a vécu des choses très particulières ? il a crû être la réincarnation du Christ notamment, enfin c'est ce que je crois avoir lu. Savez-vous qu'Artaud et Lacan se sont rencontrés ? et qu'Artaud détestait Lacan ? c'est bien de lui qu'il parle dans son Van Gogh, le suicidé de la société, docteur L. il l'appelle. Moi je suis allé voir une psychanalyste Jungienne cette fois-ci, et je tentais de lui dire ce qu'il m'arrivait, notamment mon rapport à Jung. La synchronicité m'a toujours interpellé, le fait que certains hasards semblent porter la marque du divin ou du surnaturel, le sceau de l'étrangeté dans tous les cas. J'ai souvent lu Paul Auster qui remarque aussi cela. Souvent à Montréal cela m'était arrivé, d'étranges coïncidences. Jung a insisté sur l'importance des mandalas et considérait le Christ et Siddhârta comme des archétypes d'homme-dieu, à la fois hommes-dieux et archétypes. Un jour en sortant de chez la psychanalyste, où j'avais dû évoquer le sujet, j'ai fait quelques pas sur le trottoir, et dans la vitrine d'un marchand de puzzles, j'ai vu un énorme mandala. Pourquoi suis-je ensuite rentré dans une boutique de meubles, sur la place, avant de prendre le métro ? Je ne le sais pas. A l'étage était un superbe canapé moderne, j'ai consulté instinctivement l'étiquette, il s'appelait Mandala.

Je crois que c'est là que cela a vraiment commencé. Plus tard, dans une brocante j'ai acheté une croix, une superbe croix en métal et incrustée de pierres oranges, et deux livres, Le seigneur des anneaux en Anglais : The Lord of the rings, et un livre sur l'histoire du Christ. Je me souviens qu'après une phase de méditation, ou devrais-je dire de connexion ? J'ai ouvert le second livre et suis tombé sur ces mots : Le destin de l'homme-dieu…

Chapitre 18

Le destin de l'homme-dieu

C'était donc cela, j'étais donc sans doute moi aussi un homme-dieu. Voilà pourquoi je ressentais cela. Voilà pourquoi je mourrais parfois. Car je n'étais pas fait pour ce monde semblant mort de toute spiritualité, voilà pourquoi j'y sombrais. Enfin tout faisait sens. Un bouddha sans doute, en tout cas je sentais des présences, je me réincarnais, je retouchais parfois l'illumination. Depuis longtemps je m'étais intéressé à Swedenborg, par Borges surtout. A la fin de sa vie, devenu aveugle, Borges, l'homme aux mythes, tenait des conférences autour du monde, l'une d'elles était consacrée à Swedenborg. Swedenborg vivait sous Charles XII en Suède, c'était un homme accompli, éminent scientifique, une sorte de De Vinci nous dit Borges. Un jour il quitta tout afin de prêcher. Le Christ serait venu à lui pour lui demander de réexpliquer, le message s'étant perdu. Swedenborg prétendait

communiquer avec les anges, et donna des descriptions de l'enfer
et du paradis. Il croyait en la présence d'anges et d'esprits sur
terre. Selon Swedenborg nous ne nous apercevions pas du
moment de notre mort, la vie continuait comme précédemment,
mais petit à petit nous rencontrions de nouveaux personnages,
anges et démons, et suivions les uns ou les autres suivant notre
nature, pénétrant ainsi au paradis ou en enfer, l'enfer et le paradis
étant d'abord des états psychiques avant de devenir des lieux.
Certains appellent Swedenborg le bouddha du Nord. Il y a
effectivement du bodhisattva chez Swedenborg, le bodhisattva
étant celui qui aide les autres à atteindre l'illumination. Je sentais
la présence du divin comme une certitude. Ma vie m'apparaissait
suivant d'autres logiques, les œuvres qui avaient traversé mon
chemin notamment : Jung parle aussi de Swedenborg. Et puis cet
étrange roman que j'avais écrit, un homme croyant être au
contact de sa femme morte devenue ange et le guidant par signes
et synchronicités. Ce pseudonyme Benjamin Gano qui s'était
contracté en Bengano (anagramme involontaire !! d'Ange bon).
Ces expériences précédentes d'éveil et de passages. Tout cela ne
pouvait pas être juste des coïncidences ou des imaginations. Non,
il fallait croire. Oui tout semblait être comme des preuves. Selon
moi il existait un espace psychique divin, notre inconscient était
relié à un inconscient collectif ayant une histoire immortelle bien
plus importante que la nôtre. J'ai réussi à récupérer une mini
caméra dv et je me suis enregistré, il me fallait des preuves, je me
souviens aussi avoir parlé de mes souffrances et d'avoir pleuré. Je
savais qu'au moins ce document existerait. J'ai fait un sac, pris
caméra, cassettes que je venais d'enregistrer, enregistreur vocal,
divers vêtements et objets. Je ne savais pas ce qui m'attendait,
mais j'allais avoir le courage de le vivre, la souffrance avait aussi
préparé cela. Je n'avais plus peur de rien. Je suis reparti à

Londres, je ne me souviens pas pourquoi. La vie était ailleurs en tout cas.

Chapitre 19
Le détachement matériel

J'ai pris le ferry, comme une petite croisière. Puis un car jusqu'à
Londres. J'étais évidemment en pleine forme. Une des premières
choses que j'ai faites fut d'ouvrir un box dans une société de
stockage et de payer plusieurs mois d'avance. Mes
enregistrements et la caméra furent ainsi mis en sécurité. J'ai
passé plusieurs jours à l'hôtel, à Camberwell tout d'abord, comme
un retour aux sources, puis à Elephant and Castle que je
connaissais bien. J'ai revu Todd, un de mes anciens colocataires,
il vit désormais en Suède mais était là pour quelques jours, nous
avons dîné ensemble. A Elephant and Castle ma chambre était
assez grande et plutôt confortable, un soir j'ai eu un « passage ».
Il est très difficile de parler des expériences mystiques, disons
que celle-ci, enregistrée par mon lecteur audio, fut une des plus
intenses, rentré en méditation je citais des noms comme Jung et

Swedenborg et à chaque nom je semblais passer des étapes. Le lendemain dans l'ascenseur je rencontrais un jeune bouddhiste et sa mère venus pour un stage dans un centre bouddhiste voisin, ils ne restèrent qu'un week-end mais cette rencontre ne me sembla en rien le fruit du hasard. Je sortais souvent marcher dans la ville, j'étais heureux de retrouver Londres. Au moment de payer le nouvel hôtel ma carte bancaire ne voulut pas marcher et je dû appeler l'agence à Paris afin qu'ils rétablissent cela. Il me restait de l'argent sur mon compte, pas énormément mais il m'en restait encore. Quelques jours plus tard pourtant j'ai été mis assez violemment à la porte car ma carte refusa de nouveau de fonctionner, et fut même avalée par un distributeur. Je me retrouvais sans argent. Juste sorti de l'hôtel avec mes bagages, je suis tombé par chance sur un billet de banque au sol qui me permit de ne pas passer la nuit dehors. Je fus recueilli les jours suivants dans une pension tenue par des sœurs catholiques, l'armée du salut m'avait donné leur adresse. Toutes les informations données par ma banque pour me permettre de récupérer de l'argent se révélèrent obsolètes, donc fausses, le crédit lyonnais ayant fermé depuis peu ses agences de liaison en Angleterre sans que mon conseiller semble le savoir. C'est au siège de la Lloyd, mon ancienne banque que l'on m'expliqua le problème. J'ai alors commencé à chercher un avocat afin de me retourner contre le lyonnais mais sans succès. Je sais maintenant ce qui était arrivé, une mesure d'alerte avait été déclenchée par le fait que ma carte était utilisée à l'étranger, ils la crurent volée !

La pension où j'avais atterri faisait face à l'Imperial War Museum et son jardin de la paix… inauguré il y a quelques années par le Dalaï lama… c'est un jardin autour d'un imposant mandala de pierre et d'un obélisque gravé d'un message de paix pour les générations futures. Y avait-il un tel mandala ailleurs dans tout Londres ? Je ne le pense pas, et c'était là que j'avais atterri. Je pris alors tous les derniers événements et péripéties pour nécessaires et comme un signe supplémentaire quant à la justesse de mes intuitions et de mes conclusions. La pension était réservée aux hommes, nous étions logés et nourris et devions participer aux tâches ménagères, il y avait une chapelle mais nous étions libres de participer ou non aux prières. J'ai essayé d'expliquer ce qui m'arrivait à la sœur responsable du lieu mais le bouddha elle ne connaissait pas, seul Jésus trouvait grâce à ses yeux. Ceux qu'elle hébergeait étaient de toutes nationalités et de toutes croyances. Je me souviens d'un portugais qui dessinait des figures très proches de mandalas, lorsqu'il me demanda mon prénom je lui dis de m'appeler comme il le désirait. Il choisit le nom Shala et m'appela toujours ainsi, je découvris plus tard que le bosquet d'arbres shala fut celui où le bouddha exposa son dernier enseignement et mourut. Que se passe-t-il donc au-delà de nos inconscients ? Comment ce nom lui était donc venu ? J'allais souvent méditer dans le parc et près du mandala. Un soir alors que nous étions tous couchés dans le dortoir, je me souviens avoir vécu quelque chose d'étrange, comme si mon corps chutait tout à coup, une sensation intense et nouvelle qui sembla pourtant me rappeler quelque chose. Je me suis finalement retrouvé assis sur mon lit avec ma croix dans la bouche et le cordon de celle-ci finit par céder. Je ne pus rester bien longtemps dans cette pension qui n'était que de secours et je dus trouver une autre solution. La chance me sourit encore par l'intermédiaire d'un inconnu qui me donna l'adresse d'un squat à Depford où je me rendis. Squatter est légal en Angleterre, il suffit de trouver un lieu inhabité et d'en changer les serrures, l'immeuble de Depford était un immense bâtiment social qui avait été vidé de ses habitants en vue de démolition. Une faune de jeunes marginaux y avait élu domicile, ils y habitaient depuis environ une année mais l'expulsion était désormais proche, ils me trouvèrent une place en attendant. Des Anglais, des Espagnols et de nombreux Polonais habitaient là. Le coin était plutôt agréable et tout près de la Tamise. Je passais mes journées à la bibliothèque à lire des livres religieux mais je me rendais également souvent au centre de Londres par un des derniers bus dont une entrée centrale permettait de voyager sans payer de ticket. Parfois des contrôleurs surgissaient mais me demandaient juste d'en sortir sans me causer davantage de complications, c'est à ce moment-là je pense que j'ai commencé à me rendre régulièrement au centre Radha-Krishna situé à deux pas de Soho Square. Comment y ai-je atterri la première fois ? Je sais que cela peut paraître étrange voire absurde mais je pense que j'y ai été conduit : guidé.

J'avais désormais vécu plusieurs semaines sans argent et ce détachement matériel involontaire ne me faisait pas souffrir. J'avais essayé au début de chercher de l'aide par mail auprès de certains se disant mes amis, mais aucun ne voulut m'aider, seul cela m'avait fait souffrir. Je n'avais rien, plus rien, seule la clef de mon box loué contenant divers enregistrements qui eux valaient pour moi toutes les richesses du monde. Je me nourrissais parfois, au hasard dirons-nous, quelques tartines beurrées dans un club pour nécessiteux nommé 999, à Depford. Je pouvais aussi y laver mon linge et me doucher dans un autre centre. Jamais je n'ai été sale ou négligé. Lorsque j'étais dans les environs je pouvais aussi prendre le repas de midi chez les sœurs en tant qu'ancien résident, un repas pouvait me faire plusieurs jours. Sans le savoir je vivais comme un ascète bouddhiste, détaché du matériel et me nourrissant d'offrandes. Je tiens à signaler que du bouddhisme je ne connaissais auparavant rien,

juste une lecture du Siddhârta d'Hermann Hesse quinze années
auparavant. Par synchronicités de rencontres et quelques livres de
bibliothèque, tout ce dont je semblais avoir besoin pour réfléchir
à ce qui m'arrivait paraissait m'être donné. En me lisant,
beaucoup penseront que j'étais fou. Pourtant, aujourd'hui encore
lorsque je repense et écrit sur cette période, je me dis que les
coïncidences seules ne peuvent expliquer tous ces faits, car j'en
cite mais en oublie aussi, je continue à penser qu'il y avait bien
du divin dans mes aventures.

Chapitre 20

L'état du Bouddha ou l'état de bouddha

Selon moi être un bouddha est avant tout un état, avant d'être une vérité historique par le jeu de supposées réincarnations. Tous ou tout au moins certains d'entre nous ayant la potentialité d'atteindre cet état : un état d'éveil et d'illumination. On réduit souvent le terme de bouddha au bouddha dit 'historique' c'est-à-dire Siddhârta Gautama fondateur du bouddhisme, mais les diverses écoles de bouddhisme reconnaissent l'existence de bouddhas antérieurs et futurs. Je crois que l'enseignement dit du grand véhicule attend d'ailleurs plus de mille bouddhas. J'ai écrit très tôt dans mon aventure des textes surprenants, que l'on pourrait qualifier d'écriture automatique car ils me surprenaient moi-même, où je me qualifiais de bouddha bleu. Et ceci avant même d'être confronté à la théorie des livres de bibliothèque. Je ressentais un état particulier mais avais surtout une capacité à rentrer à volonté en méditation. Je ne m'étais pas rendu en Angleterre par hasard, par leur rapport avec l'Inde et sa culture je trouvais là-bas une atmosphère propice à vivre mon état, voilà sans doute pourquoi j'y étais retourné. Les Français seraient par exemple surpris de l'existence du College of psychic studies, une œuvre de charité. J'y suis allé par deux fois méditer.

 Je pense qu'il faut s'interroger sur ce qui est arrivé à Siddhârta ou Jésus Christ, et pourquoi pas psychiquement si on ne veut les prendre au mot. Oui, ne serait-il pas juste de les considérer bipolaires, ou en tout cas en état maniaque ? Les psys et les hommes de mauvaise volonté leur feraient la vie dure, encore, mais quelle serait donc la conclusion d'un psy devant eux ?

Quel diagnostic ? Je me rends souvent sur un forum de bipolaires sur le net et nous nous sommes déjà posé la question, oui il n'est pas rare qu'un bipolaire en phase maniaque se prenne pour Dieu ou porteur d'une mission afin de sauver l'humanité, ou se prenne pour le Christ lui-même. Alors pourquoi ne pas considérer le Christ lui-même comme bipolaire ? Un bipolaire ayant réussi à vivre son état pleinement. Et puis la passion et son chemin de croix fait en quelque sorte penser à une mélancolie, ou tout au moins une métaphore de celle-ci. L'état maniaque est telle une illumination, et très vite celle-ci peut sembler divine. La manière dont elle est entravée ou non par le monde dans lequel elle apparaît va conditionner sa destinée, son intégration ou non dans la réalité courante, environnante. Siddhârta et Jésus Christ ne seraient-ils pas des bipolaires qui auraient réussi. Réussi quoi ? A vivre leur état tout d'abord. Et puis réussi bien sûr à laisser de telles traces de leur passage. Le bipolaire a quelque chose d'héroïque car il est souvent seul contre tous, être alors avec Dieu lui donne une compagnie et une raison. Dire que Jésus Christ était bipolaire n'enlève selon moi rien par rapport au fait qu'il était fils de Dieu. Comme le fait d'être bipolaire n'enlève en rien selon moi au fait d'être ou non un bouddha. Quelle est vraiment la différence entre les phases maniaques que je vis et l'illumination du bouddha ? Est-ce la chute ?...

Il m'arrivait parfois des périodes que je qualifierais de connexions, d'entendre notamment des voix. Cela m'arrivait parfois en bibliothèque, ou en train de rédiger certains écrits, un des derniers soirs dans le squat de Depford, il m'est arrivé quelque chose d'extraordinaire. Il y avait plusieurs pièces, c'était une après-midi je pense, l'appartement était grand et très en hauteur, dans une des pièces se trouvaient un vieux fauteuil et un matelas. Je me suis retrouvé dans cette pièce, le soleil donnant dans la pièce. Là les voix se sont multipliées. Je n'avais pas peur, je n'avais jamais peur. Tout à coup dans ce flot de voix j'ai entendu une voix dire « bouddha ! », la grande fenêtre a au même moment pivoté sur son axe qui était horizontal, en me cerclant ainsi de lumière : en un instant la voix et l'illumination. Je me suis ensuite couché. Le lendemain matin, la pièce se trouva « retournée », le matelas était plié et le fauteuil mis dessus. Cela s'était apparemment passé lors de mon sommeil, l'entrée dans l'appart d'une autre personne étant exclue, ce fait reste un mystère. Il m'arrivait de penser des choses particulières. Je pensais qu'il restait une trace de tout événement dans tout lieu. Une mémoire de toute scène et que toute scène avait un karma. Certains esprits pouvant assister aux scènes. Je pensais avoir atteint l'illumination.

Chapitre 21
Krishna

Je passais mon temps à marcher dans la ville, et lire dans les
bibliothèques. Je suis un jour tombé sur la Swedenborg Society
dont je ne connaissais pas l'existence et ai conversé avec le
conservateur qui m'a gentiment laissé ouvrir quelques originaux.
J'étais souvent autour de Soho Square car il y avait là le temple
Radha-Krishna, l'entrée est libre et je m'y suis tout de suite senti
très à l'aise. Comment m'y suis-je retrouvé ? Hasard dirons-nous,
bien que cela représentait sans aucun doute possible la continuité
de mon parcours, car à tous ceux qui me le demandaient, je me
qualifiais d'hindouiste et non de bouddhiste. Pour les hindouistes
et le mouvement Hare Krishna dont le temple fait partie,
Bouddha est à l'instar de Krishna et Rama une incarnation du
dieu Vishnu : Rama la septième, Krishna la huitième et Bouddha
la neuvième. Une dixième du nom de Kalki étant attendue. Bien

que pour le mouvement, Krishna ait été Bouddha, et également Lord Chaitanya, the golden avatar : Krishna lui-même donc, revenu en Inde il y a environ 500 ans et dont le mouvement représente la succession. Je trouvais en Krishna à la fois un modèle et un Dieu. Parfois en méditation je le pensais, récompense suprême, venir en moi. Comme je croyais pouvoir être un bouddha, je me suis demandé si je ne pouvais donc pas être une incarnation de Krishna lui-même, revenu une nouvelle fois du fond des temps. Je n'ai aucun souvenir d'une incarnation passée, mais les représentations de Chaitanya m'ont toujours semblé familières, j'avais l'impression de me souvenir de lui, comme un très vieux souvenir, de plus je m'étais qualifié de bouddha bleu et Krishna est toujours représenté bleu. Tout ceci peut sembler de la folie furieuse mais reste pourtant des questions qui suivent la logique de mes questionnements.

J'étais à la recherche de la vérité, et humblement, bien que cela ne le paraisse sans doute pas, à la recherche de ma destinée. J'aimais croiser Kishor au temple, un bhakta je suppose, en tenue traditionnelle, il répondait à mes questions avec justesse, fraternité et une humilité. J'étais un visiteur, comme d'autres, venant là pour se recueillir ou participer à des classes ou processions chantantes. Je consultais la Bhagavad-Gita et assistais parfois à des lectures de celle-ci. A la fin de l'une d'elle Archita est venue à moi et nous sommes devenus amis. Archita venait d'Inde, elle était à Londres depuis peu pour étudier l'informatique, mariée, son mari étudiait lui en Australie. Elle travaillait dans un Burger King à deux pas du temple et lorsque je passais la voir, elle me donnait ainsi à manger avant de nous rendre ensemble au temple. Nous avions une relation maître-disciple, sans doute parce que j'étais de plus de dix ans son aîné, nous étions amis aussi bien sûr, mais j'avais une influence sur elle par mon obstination à lui faire comprendre à quel point elle succombait ici au matérialisme ambiant, je recadrais les choses et trouvais pour elle des voies afin de préserver sa spiritualité. Elle me racontait l'Inde, et Krishna. Depuis toujours elle vivait dans la conscience de Krishna, c'était son unique religion, je lui expliquais parfois l'histoire du Christ qu'elle ne connaissait pas et nous sommes même rentrés un jour ensemble dans une église catholique. Elle prenait soin de moi comme on prend soin d'un aîné ou d'un frère, m'achetant des cartes de transport afin que je puisse circuler plus facilement et me donnant aussi des couvertures lorsque le squat de Depford fut détruit et que je dormais souvent dans les parcs. Oui quand le squat fut détruit j'ai dû dormir assez souvent dehors, la plupart du temps dans Burgess Park où je m'installais la nuit tombée et dormais comme un bébé. Le matin des chiens en promenade venaient me réveiller en me faisant frénétiquement la fête, un jour pourtant c'est une Anglaise qui a voulu me faire comprendre que je gênais en posant une lourde pierre sur moi. Je passai aussi quelques jours sur un bateau avec un type un peu louche qui finit par m'agresser. Je me souviens aussi d'une nuit passée dans un vieux cimetière et du feu que j'y avais fait pour me réchauffer. Quand il faisait plus froid ou pleuvait j'avais trouvé un hall d'immeuble qui était chauffé, je posais quelques journaux au sol et m'y reposais sans problème. J'étais heureux, je n'ai jamais été aussi heureux je pense, je n'avais rien, mais j'avais la foi, voire la certitude. Souvent je croisais des renards, il y a des renards à Londres, une fois toute une famille avec les petits. Les renards traînent dans certains quartiers la nuit, ils fuient devant l'homme, pourtant, une fois que j'avais cette fois-ci dormi sur l'Isle of dogs, une sorte d'île près de Greenwich où l'on trouve une ferme avec des animaux de toutes sortes, c'est un renard qui m'a réveillé en essayant de me croquer le bout du pied, rien d'une attaque, une curiosité je pense. J'ai aussi rencontré Antonin à cette époque, un Français. Je me souviens, un soir chez lui, lui avoir raconté être parfois bouddha et parfois Krishna, et de promenades où je lui parlais de Swedenborg. « J'ai été bien plus qu'un témoin, je t'ai cru et je te crois toujours d'ailleurs… » me dit-il aujourd'hui encore…

Chapitre 22
Écrire

Écrire. Écrire c'est tout ce qu'il me reste. Pour lutter, pour comprendre, pour vivre, pour essayer de ne pas mourir. Je me sens comme Shéhérazade, je continue en espérant toujours repousser le moment où j'aurais fini. Là il ne restera sans doute plus rien pour me tenir à la vie et faire que mon cerveau ne me lâche pour toujours. Oui écrire c'est tout ce qu'il me reste pour me prouver que je ne suis pas rien. C'est aussi le moyen d'exposer des choses que je n'ai jamais réussi à exposer. Elles viendront plus tard, personne n'a jamais voulu ni les écouter ni les entendre. Je ne peux espérer que des voyageurs du web arrivés par hasard pour tomber dessus, mais c'est plus que beaucoup et ne sera jamais moins que rien. Ici je les en remercie.

Chapitre 23

Quelques rencontres

J'ai fait quelques rencontres insolites durant tous ces mois passés à Londres, ou devrais-je dire que toutes les rencontres que je faisais étaient plus ou moins insolites. Commençons par Ben, un Italien, rencontré à Soho Square. C'était toujours un plaisir de croiser Ben, il faisait partie de cette catégorie de mystiques croyant à l'arrivée d'une nouvelle ère spirituelle. 2012 devant être une année charnière dans l'histoire de l'humanité. Pourquoi 2012 ? Car le 21 décembre 2012 correspond à une fin de cycle du calendrier maya (il est étonnant de voir comme la représentation des calendriers mayas ressemble à des mandalas). Pour Ben et ses amis cela correspondrait à une inversion du champ magnétique terrestre et à des changements d'ordre vibratoires que seuls certains pourront appréhender. Je ne sais pas que penser de tout cela, nous verrons bien. Mais Ben était très sympathique et considérait que je pouvais tout à fait être un avatar.

Une fois que je marchais sur Leicester Square bondé en chantant le Maha Mantra (♫Hare Krishna Hare Krishna Krishna Krishna Hare Hare Hare Rama Hare Rama Rama Rama Hare Hare♫), je suis tombé sur deux sœurs suédoises se rendant à une conférence spirituelle. Nous avons passés une délicieuse soirée à nous promener ensuite sur South Bank : un moment que je qualifierais de lumineux. Le plus étonnant je pense fut cette jeune fille qui m'interpella un jour dans la rue et me prit dans ses bras. Comme si nous nous reconnaissions. Il y avait un de ses amis avec elle, elle me fit comprendre avec un sourire que lui ne comprenait rien, qu'il n'était pas comme nous. Une autre jeune fille à Camden cette fois-ci me complimenta sur mon aura parait-il magnifique. Il faut dire qu'après mon illumination j'avais effectivement toujours l'impression de rayonner. Que penser encore une fois de tout cela ? L'aura est-il une réalité que certains perçoivent effectivement. Pourquoi pas, cela expliquerait sans doute ces deux rencontres, ces événements magiques.

Une après- midi, après une petite sieste dans un square, un homme étrange vint à moi. Il portait des lunettes de soleil et je ne pouvais voir ses yeux. Il me dit être médium. Nous eûmes une conversation étrange, je lui racontai notamment ce que j'avais lu dans un livre à propos de John Lennon. Yoko Ono aurait essayé de rentrer en contact avec lui par l'intermédiaire d'un médium, Lennon lui aurait alors dit que tout allait bien, et qu'il avait tué Chapman dans une vie précédente (Chapman étant l'assassin de Lennon). Je voyais souvent aussi Jimmy, un sans-abri barbu et un peu sale pour qui la notion de Karma ne faisait pas de mystère. Un soir je l'ai suivi dans une chapelle devenue squat, divers penseurs atypiques se trouvaient là. Comme si je croisais ceux qui avaient besoin de me croiser, ou ceux que j'avais besoin de croiser. Comme si quelque chose régissait ces rencontres. Une étrange musique du hasard.

Chapitre 24
Leaving London

Les dernières semaines à Londres je les ai passées à Depford avec
un groupe d'artistes, ils avaient aménagé un grand dépôt où ils
vivaient et m'avaient fait une petite place provisoire. Une grande
et magnifique représentation du bouddha de médecine était
affichée dans la pièce principale (!) Une autre pièce servait de
salle de répétitions à de nombreux groupes musicaux, c'était une
ambiance très agréable. Ils menaient de front différents projets
dont The Marching Band, une fanfare situationniste dirons-nous.
Je les ai d'ailleurs filmés lors d'un long périple sur Oxford Street.
La journée j'allais souvent à Greenwich Park dont les courbes et
les creux me donnaient de nombreux espaces pour méditer.
Greenwich Park est très beau. C'est aussi à cette époque que j'ai
trouvé un centre situé à deux pas où l'on pratiquait l'éveil de la
Kundalini. Cette histoire de Kundalini me semble importante et

j'y reviendrais plus tard. Pourquoi j'ai décidé de rentrer en France, je ne le sais pas. Un jour j'ai pris un train. Après une pause dans une ville inconnue où j'ai dormi dans une bâtisse abandonnée, un autre train m'a conduit à Douvres. J'ai alors expliqué aux Anglais que mes papiers m'avaient été volés (mon passeport était en fait resté dans le box de la société de stockage) et que je tentais de rejoindre mon pays. Ils n'ont pas fait de problème pour me faire traverser gratuitement en ferry et je suis arrivé à Calais : retour en France après une dizaine de mois d'absence.

Chapitre 25
Calais

Encore une fois j'ai eu une chance étrange : à la sortie du ferry un vieil homme se trouvait là, missionné je pense par lui-même pour distribuer quelques prospectus afin de faire connaître la ville aux arrivants, il m'indiqua un lieu d'hébergement provisoire où je pourrais passer quelques jours, Le Toit, je m'y suis rendu directement. C'était un lieu pour ceux qui n'avait pas de toit justement, l'on pouvait, au bon vouloir des dirigeants, y rester quelques nuits. L'ambiance était étrange, les dirigeants directifs, voire autoritaires. Il n'y avait que des hommes, plutôt jeunes. On dormait sur des lits superposés et l'on pouvait y prendre les repas. Calais est une ville froide, enfin c'est ainsi que je l'ai ressentie. Je croisais dans la journée des étrangers qui ne pensaient qu'à traverser et se rendre en Angleterre, certains me parlaient de petits bateaux qui parvenaient à les faire passer clandestinement, je ne sais pas si cela marchait, en tout cas ils étaient toujours là. Je ne suis resté que quelques jours et je me suis rendu à la banque. Après leurs erreurs qui avaient fait débuter ma période sans argent en Angleterre, je pensais pouvoir enfin retirer quelque argent de sur mon compte. Impossible sans papier d'identité me dirent-ils, je leur ai expliqué que je tenterai de porter plainte contre leur entreprise et leur ai demandé de me signifier cette impossibilité par écrit. Au mot avocat, le type s'est instantanément énervé et je n'ai pu obtenir ce papier. Je ne suis qu'un employé m'a-t-il dit, et son supérieur tout aussi en colère m'a presque insulté. Qu'avais-je donc fait ? Essayer de leur usurper de l'argent ? Incroyable tout de même. Il n'y avait pas de doute, j'étais bien de retour en France. Plus tard j'ai pris rendez-vous avec une avocate qui m'expliqua quant à elle qu'il allait être difficile d'attaquer la banque.

 Au Toit il y avait un type discret avec qui j'échangeais parfois quelques mots. Comment la vie, au travers du hasard, nous réunit-elle ?? C'est un grand mystère, je ne sais plus si c'est au mot Krishna ou Karma qu'il a réagi et m'a alors raconté qu'il se souvenait de plusieurs de ses vies antérieures, ou plutôt de ses morts : une fois noyé par exemple, et d'autres fois tué. Il n'avait rien d'un illuminé, c'était même sans doute le plus posé et le plus éduqué du lieu. Il me parla avoir participé à d'étranges cérémonies avec un de ses amis, il découvrit plus tard me dit-il avoir d'ailleurs été tué par cet ami dans une autre vie. Il pensait subir logiquement son Karma. Il parlait de résurrection où je parlais de réincarnation. Et disait aussi que nous nous étions nous-mêmes déjà connus. Je me demande bien ce qu'il a pu devenir, cela a dû être bien difficile. Ensuite j'ai pris le train pour Manosque, pas de contrôleur, puis j'ai fait du stop jusqu'à Oppedette, petit village de Haute Provence, pour tenter d'y trouver Vlady Stevanovitch, l'auteur du livre sur le Chi que j'avais laissé dans mon appartement. Je pensais que ce pouvait être important, que si je n'y allais pour moi, j'y allais peut-être pour lui.

Chapitre 26
Oppedette

Il faisait nuit, je marchais sur les routes aux alentours
d'Oppedette lorsqu'une dernière voiture me conduisit dans une
demeure qui logeait habituellement des touristes venant faire un
stage au centre Stevanovitch, une femme âgée m'accueillit en me
prenant pour un membre de groupe, et me donna une chambre où
dormir. Je la laissai faire, bien content de trouver un lit. Je crois
me souvenir qu'elle s'appelait Madeleine. Le lendemain elle
s'aperçut du quiproquo mais ne m'en rendit pas coupable. J'ai
essayé de voir Vlady Stevanovitch mais seule sa femme me reçut,
lui, malade, ne voulait plus voir personne. J'ai su par la suite qu'il
mourut quelques semaines plus tard. Peut-être aurait-il été bien
que je le rencontre. Un homme auteur d'un livre intitulé
Monologue avec les morts en rencontrant un autre pensant sentir
parfois leur présence, cela aurait peut-être été bien au seuil de sa

97

mort. Je restai une nuit de plus, que je passai cette fois-ci sur les hauteurs alentours, Madeleine me passa une couverture. Il faisait froid, avec quelques allumettes et du bois ramassé, je pus allumer un feu qui dura une bonne partie de la nuit. Faire ce feu me sembla comme un vestige d'un instinct primaire. Je sentis la présence de bêtes mais ne fut pas importuné. Le lendemain je revis Madeleine, la remercia, me promena une dernière fois dans cette nature sauvage et reparti. J'avançais à l'instinct, toujours sans peur, je laissais le hasard me conduire et il me conduisit jusqu'à Aix en Provence.

Chapitre 27

Aix en Provence

Il y a un événement que j'ai oublié, je pense qu'il se situe entre
Calais et Oppedette : je suis passé à Lyon et j'ai frappé à la porte
de ma sœur qui l'a entrouverte et ne m'a pas accueilli. Elle m'a
donné un billet de cinquante euros pour dormir ailleurs. J'ai
dormi ailleurs, dehors sur un petit chemin de terre, et c'est
pourquoi j'ai pu par la suite acheter un sac de couchage sur un
marché. C'est en faisant une nouvelle fois du stop que je me suis
rendu à Aix. Dans le véhicule qui m'y conduisit trônait une
statuette de Krishna. Encore une fois : quelle pouvait donc être la
probabilité de tomber sur un véhicule avec une statuette de
Krishna fixée sur le tablcau de bord ?? Le conducteur avait passé
dix années de sa vie en Inde et habitait désormais Marseille. Il me
déposa tout près d'Aix.

Aix est une jolie ville. Une rue porte mon nom. Je n'étais jamais tombé sur une rue portant mon nom, après vérification elle est la seule de France. C'est une petite rue en hauteur de la ville, un magasin d'art exotique y est installé. Sur sa droite se trouve une cour où les propriétaires du magasin ont installé un grand bouddha en pierre. Un bouddha en pierre, en France, dans une rue qui porte mon nom… seule rue de France qui porte mon nom… La première nuit je l'ai passée dans un parc près de l'université, mais l'endroit la nuit était le point de rencontre d'homosexuels et je n'ai pas vraiment aimé sentir ces présences près d'où j'étais allongé. Par la suite j'ai trouvé un hangar. Enfin je ne sais pas si c'est le terme employé pour ce genre de construction ouverte, juste deux murs et un toit. Une remorque y était entreposée, des matelas empilés reposaient dessus et installé au sommet j'y dormais à l'abri dans mon sac de couchage. Un cheval blanc vivait tout près dans un pré clôturé. Chaque soir en rentrant à la nuit tombée j'allais lui faire une petite visite et le caressait un peu. Le matin je me rendais dans un centre social où je pouvais me doucher et prendre un petit déjeuner. J'y prenais en principe également le repas de midi et récupérais quelques provisions le vendredi aux restaurants du cœur dont la permanence était au même endroit. Je ne leur demandais que ce que je pouvais consommer sans ustensile. Des fruits par exemple, du lait, et aussi du riz que je croquais parfois le soir lorsque j'avais vraiment faim.

A la banque j'ai pu cette fois retirer de l'argent avec ma seule signature. Ce qui prouve l'incompétence de l'agence de Calais. J'allais très souvent à la bibliothèque où je pouvais lire et utiliser les ordinateurs. Je me souviens d'un livre d'Histoire : Voyantes, guérisseuses et visionnaires en France (1795-1914) qui était très intéressant, et d'une série de livres sur de prétendus contacts extraterrestres. Le reste de mes journées je le passais dans le parc où j'avais dormi la première nuit, y faisant parfois des rencontres avec des étudiants, dont un joueur de didgeridoo qui me ramena plusieurs fois chez lui. Je pense être resté plusieurs semaines. Il faisait encore assez beau, c'était agréable. Le soir je voyais une étoile orange dans le ciel. Est-ce normal ? Y a-t-il une étoile que l'on voit orange ? Je pensais qu'elle avait pu être mise par Krishna pour m'aider et m'accompagner. J'avais toujours mon enregistreur vocal et m'en servais souvent pour conserver mes réflexions. Un soir particulier, après un de ces enregistrements justement, je vis une traînée de lumière dans le ciel, comme un ensemble d'étoiles filantes, en boule, dans le ciel sombre. Cela a-t-il eu lieu ? Je ne sais pas. Je n'en suis toujours pas sûr. Ce dont je suis paradoxalement certain, c'est de l'avoir bel et bien vu. Il y a beaucoup d'églises à Aix en Provence et cela donne une atmosphère particulière. On peut aussi trouver des statues de la vierge encastrées dans les murs au hasard des rues. Je rentrais souvent dans ces églises, j'ai d'ailleurs assisté à une messe et ai communié. Une fois par semaine un groupe de prière se réunissait et je m'y joignais. Un dimanche j'ai fait une nouvelle fois du stop jusqu'à Marseille, sur le vieux port alors que je m'étais allongé sur des rochers et trempais mes pieds dans l'eau, on me vola mon sac contenant un exemplaire du Srimad-Bhagavatam et mon enregistreur vocal, une bien mauvaise surprise. Je passai une nuit au Samu social dans de très mauvaises conditions puis rentrai à Aix.

Avec l'argent récupéré à la banque j'ai décidé d'aller voir une voyante, peut-être cela pouvait-il m'aider. En tout cas je pensais qu'il me fallait essayer. J'ai pris un train car c'était en dehors d'Aix et son mari m'attendait à la gare. Elle avait aménagé une petite pièce à son domicile afin de recevoir, il y avait notamment un poster de Ganesha au mur et d'autres déités Hindous. « Oh là là, il y a du monde ! » me dit-elle alors que je rentrais dans la pièce. Oh oui, il y avait sans doute du monde, car je me sentais encore une fois accompagné. Elle ouvrit la porte du fond de la pièce comme pour les faire partir. Elle mit aussi un châle sur ses épaules car certains semblaient passer par elle et la glacer alors. Elle me dit plein de choses intéressantes, me parla de mon père « il est venu avec un karma, et a vécu son karma, il ne faut pas t'en occuper, toi tu es une âme beaucoup plus vieille comme ta mère que tu as déjà connue dans d'autres vies », elle savait donc mon père décédé. Je posais des questions auxquelles elle répondait en semblant interroger d'« autres », cela se passait très bien, elle était très sympathique et nous semblions avoir une sorte de connivence d'initiés. C'était étrange, comme deux inconscients, ou subconscients, qui se connectent et discutent de quelque chose, presque indépendamment de leurs personnages, personnages alors témoins. Elle m'a ensuite parlé d'une femme que j'allais rencontrer et qui allait m'aider à avancer différemment. Mais je ne pense pas qu'elle vit ce qui allait suivre, en tout cas elle n'en parla pas.

Chapitre 28

Fin de l'année 2005

Je crois que c'est une grève de la Sncf qui m'a fait reprendre le train. Oui, il n'y a pas de contrôleur pendant les grèves, c'est plus simple de voyager sans ticket. J'ai donc pris le train pour Paris, puis un RER jusque chez ma mère à Livry Gargan. J'ai escaladé le portail et la grande porte, je ne sais pas si j'ai sonné. La discussion fut difficile, j'essayais de lui expliquer comme je pouvais ce qui m'arrivait et de partager avec elle mon enthousiasme : Oui Dieu existe bel et bien ! Je suis sans doute un bouddha ! Il fallait prier ! Ou chanter le Maha Mantra ! etc. Cela l'a je pense effrayée, de plus notre relation était restée sur une rupture fracassante de ma part, je ne voulais surtout pas qu'elle me considère malade. Je me souviens d'une scène dans le jardin où j'essayais de lui montrer que le hasard n'existait pas à l'aide d'un petit dictionnaire Français-Anglais, lui faisant ouvrir le

103

dictionnaire au hasard. Je ne sais plus ce que son tirage donna mais le mien donna « Wonderful ». Une fois à Londres, dans une bibliothèque, à un moment important, un tirage de la sorte dans un dictionnaire Anglais-Coréen m'avait donné « god ». J'ai aussi dû lui parler du paiement de ma boite de stockage en Angleterre, oui mes affaires étaient à risque et je n'avais plus de carte pour payer, tous mes enregistrements, la caméra, les émissions de radio du Québec, mon passeport avec mon visa permanent pour le Canada, et j'en oublie, toutes mes richesses donc, tout ce pourquoi j'avais lutté tous ces mois, toutes les preuves. N'ayant plus de carte pour les payer, je voulais qu'elle le fasse avec sa carte en échange d'un virement sur son compte. Mais elle ne voulait pas, sa banque lui ayant dit de ne pas donner son numéro de carte par Internet… Maudites banques… Cela devenait de plus en plus urgent car les Anglais menaçaient de tout détruire si le paiement ne leur parvenait pas. J'ai dû passer une nuit auprès d'elle puis suis redescendu à Marseille où j'avais pris rendez-vous avec un nouvel avocat, il devait être prévu que je revienne chez elle ensuite. Le rendez-vous avec l'avocat ne donna encore une fois rien. Je suis retourné un peu à Aix et j'ai repris le train pour Paris. Lorsque je suis arrivé ma mère n'était pas là, elle m'avait laissé un mot et un peu d'argent sur la table du salon. Le mot disait que deux de mes oncles étaient passés la voir et qu'elle était repartie avec eux. Il y avait de quoi faire quelques courses avec l'argent, et je suis allé en faire un peu au supermarché du coin. Je suis resté seul dans la maison pendant plus d'un mois. J'allais aussi dans l'appartement que j'avais laissé, les loyers n'avaient pas été payés et il avait été visité par les huissiers, j'avais des lettres de rappels plein la boite aux lettres, je suppose, car elle avait été changée et je n'avais pas la nouvelle clé. J'ai revu les deux jeunes pêcheurs, ravis de me revoir. Faut dire que j'étais en pleine forme et surtout physiquement, un jour ensemble dans la forêt je courais comme jamais à coté de leurs vélos, nous avons passés alors d'excellents moments. Dans l'appartement j'ai retrouvé ce que j'avais laissé, peu, mais un livre sur le tarot chinois dont la puissance des arcanes m'aidait à rentrer en méditation. Chez ma mère, sur le lit face à de représentations de Krishna j'allais plus loin encore, je me suis vu dans le reflet de la vitre comme revenu d'un autre temps, comme si mes incarnations multiples apparaissaient en ombres devant moi.

Me promenant un jour à Paris, je me souviens être tombé un dimanche après-midi sur une brocante rue de Montorgueil où l'on vendait divers objets religieux, comme des représentations du Christ et des cristaux, je n'ai pu m'empêcher d'en toucher certains, de les ressentir. Quelques jours plus tard, je trouvais Christian au même endroit ; la brocante avait disparu et un concert allait y être donné. Je n'avais pas vu Christian depuis bien longtemps, avec son frère Sandro ils avaient été mes voisins lors de mes années lycée passées en Seine et Marne. Je ne l'avais revu que très peu depuis. Revoir Christian, et après les cristaux, voilà encore un drôle de coup du sort. J'étais fort content et l'ai revu plusieurs fois par la suite, notamment à l'atelier Z qu'il visite souvent (là encore, je m'excuse, mais quelle coïncidence ! avant de partir pour Londres quelques mois plus tôt, j'étais entré un jour à l'atelier Z voir une exposition, j'avais même laissé ma signature, ma trace). Une troupe de jeunes artistes traînait là parfois, ils venaient de Maison Blanche, un brin « spéciaux » eux aussi dirons-nous puisqu'ils étaient aussi allés à Maison Blanche. C'est avec eux que j'ai passé le réveillon de la nouvelle année, d'abord à l'atelier, où j'ai fini par leur faire danser et chanter Krishna autour de la table, puis chez certains d'entre eux qui nous ont reçus ensuite. Je me souviens lorsque nous sommes sortis de

l'atelier que nous nous sommes retrouvés sur les Champs Élysées
à chanter, il y avait plein de monde jusque dans le métro faisant la
fête : l'atmosphère était parfaite. Je me souviens aussi qu'ensuite,
avant de les quitter et de partir de l'appartement, je me suis mis
en position et en méditation au milieu d'eux.

Noël je l'ai passé avec Christian et Sandro chez leur mère restée
en Seine et Marne. Avec Sandro, nous avons beaucoup discuté
lors d'une promenade sur les traces d'où nous avions vécu. Je me
souviens aussi d'une longue promenade faite avec Christian. Et
de la messe de Noël à laquelle nous avons assisté. J'ai repris le
train avec Sandro, nous parlions avec sagesse, nous nous
retrouvions sur bien des points, Krishna pour lui n'était pas
inconnu. Ce qui est bien avec Sandro est qu'il a suivi pendant
toutes ces années un chemin parallèle. Quelques jours plus tard
ma mère est revenue et c'est là que tout a basculé, une autre
réalité m'a violemment rattrapé.

Chapitre 29
Réalité et illusion

"La réalité c'est l'illusion créée par l'absence de drogues" Je suis
bien d'accord avec cela, la réalité est une notion subjective.
Beaucoup plus que l'on croit. Nous sommes tous dans l'illusion.
Et puis il y a une réalité dite commune, c'est celle finalement qui
nous est imposée. Notre conception du monde pourrait être bien
différente. Le maniaque lui en touche une autre, et sans usage de
drogue, il n'a pas besoin. Quelle est la part de la réalité dans son
illusion ? car la réalité (ou même la Réalité pourrais-je dire)
existe peut-être, le fait que nous soyons tous dans l'illusion
n'implique pas sa non-existence. Il y a une part de la réalité je
pense dans l'illusion du maniaque, plus importante même sans
doute que dans celle des autres. C'est en tout cas à cette illusion
commune dans laquelle nous nous baignons ou nous déformons,

qu'il essaye d'échapper. Il s'en détache pour rentrer dans une
autre.

Chapitre 30
Les trois coups

Ma mère est rentrée quelques jours plus tard, début janvier donc,
je ne savais pas où elle avait passé les fêtes. J'étais dans la
baignoire et je l'ai entendu parler à quelqu'un, un chauffeur de
taxi peut être ou un voisin venu la chercher à la gare. La suite est
floue, la discussion est vite revenue à cette histoire de paiement
auquel elle ne voulait rien entendre. C'était devenu on ne peut
plus urgent. Elle s'obstinait sur sa crainte irrationnelle de
communiquer les coordonnées de sa carte. Je me suis énervé et
lui ait assené trois coups secs sur le haut de la tête avec ma paume
de main, bien sûr que je n'aurais pas dû, elle s'est mise à pousser
des cris d'hystérie et je suis sorti pour me calmer et faire quelques
courses. Je pense que ce sont les seuls coups que je n'ai jamais
portés à un être humain, même par jeu, je n'ai jamais été violent.
Ce fut trois coups que je frappais à la porte de l'enfer, trois coups

de vengeance aussi et de désespoir, trois coups sans doute écrits depuis bien longtemps, trois coups d'impuissance. Lorsque je suis revenu de courses elle n'était plus là et quand je suis ressorti deux policiers m'ont attrapé et menotté et je me suis retrouvé au commissariat. Là attaché à une chaise j'ai appris qu'elle était venue porter plainte et que je me retrouvais en garde à vue. Dans la petite cellule, je réussis à rester très calme et même à rentrer en médiation. Le lendemain on me proposa de voir psychiatre ou avocat, je demandai à voir les deux. L'avocat m'expliqua qu'il n'était là en rien pour me défendre mais juste pour vérifier que la garde à vue se passait dans de bonnes conditions, j'expliquai au psychiatre la scène avec ma mère et il me dit un truc du genre « ah les mères ! » et je pus repartir avec les policiers. La garde à vue fut alors prolongée et, pour en finir je pense, je redemandai à voir un psychiatre. Tous les déplacements se faisaient évidemment menotté. Cette fois-ci un autre psy apparemment énervé qu'on le dérange me garda en hospitalisation d'office. Et je me retrouvais en cellule d'isolement. Le soir le médecin responsable vint me voir, je la connaissais, c'est elle qui m'avait fait passer en clinique par deux fois lors de mes derniers séjours. Quand la porte s'ouvrit j'étais assis en tailleur sur le lit, très calme. En un instant elle me dit : « Vous n'allez pas bien du tout Mr Jobsquare, etc. ». Comment pouvait-elle donc tirer cette conclusion alors qu'elle venait d'entrer ? J'ai eu beau contester, je suis resté en isolement environ une semaine. Je ne me suis pas plaint, j'ai demandé à pouvoir écrire et j'ai rempli ainsi plusieurs feuillets par jour, je lui écrivais mais je ne sais pas si elle ne m'a jamais lu. Ensuite ils ont eu besoin de la place pour un agité et je suis sorti d'isolement pour me retrouver en dortoir. C'est là que tout s'est renversé. Je suis parvenu encore un temps à trouver des endroits où rentrer en méditation mais les antipsychotiques qu'ils me donnaient ont du tout perturber. Je ne sais pas ce que j'avalais

exactement, sans doute une camisole chimique non nécessaire. Le
bâtiment était exigu, il n'y avait pas de cour pour les patients, un
pensionnaire fabriquait des cigarettes avec des mégots et les
partageait avec moi, je me suis ainsi remis à fumer, la chasse à la
cigarette devenait l'activité des journées. C'était pénible car
toujours bruyant, anarchique des deux côtés, patients et médecins.
Une femme est morte, une vieille femme sous la douche, arrêt
cardiaque. Le médecin ne voulait rien écouter de mes histoires de
banque, elle ne voyait que le fait que j'avais laissé mon
appartement sans le payer et les dettes ainsi accumulées, elle
décida de lancer une procédure de mise sous protection auprès de
la juge des tutelles, pour m'aider… Au bout de deux mois le
préfet ôta enfin l'hospitalisation d'office et je pus sortir. Cela ne
dura qu'une journée. Juste le temps pour mon ami de déménager
avec moi l'appartement, et je demandai aussitôt à être à nouveau
hospitalisé, je n'étais plus capable de rien, la mélancolie venait de
m'ensevelir à nouveau, sa prison était la pire de toutes, je
retournais dans l'absolu cauchemar.

Rebelote

Je suis une nouvelle fois confronté à la difficulté de raconter une phase mélancolique. Disons que c'est comme si l'on vous torturait sans fin, emportant votre corps, toutes vos sensations légères en échange d'autres insupportables. Est-ce le corps qui emporte la psyché ou la psyché qui emporte le corps ? Les deux en fait, en permanence. Vivre devient insupportable, tout s'écroule. Mourir semble la seule solution, les scénarios de suicide se succèdent. Et l'on est seul, seul avec cette souffrance inracontable, au-delà des mots. Manger est un exploit, se laver un autre qui passe à la trappe. Allongé, tout le temps allongé, faire le mort, la mélancolie c'est mourir et pourtant rester en vie. Ce qui est le plus effrayant est souvent de ne plus se sentir apte psychiquement à quoi que ce soit, dysfonctionnement du cerveau. Les traitements n'arrangent souvent rien avec leurs lots d'effets secondaires indésirables, crises d'angoisse, impatiences, nausées. Il semble que l'on ne pourra jamais en sortir, étant si bas remonter semble absolument hors de possibilité. C'est une souffrance que l'on ne peut imaginer sans l'avoir expérimentée. Il est parfois difficile pour certains d'imaginer une dépression, chanceux qu'ils sont…, une mélancolie est une dépression à la puissance dix, un rouleau compresseur qui vous passe sur la tête et le corps. Ce qui s'écroulait cette fois-ci était multiple car Dieu me quittait. Je ne dirais pas qu'il n'existait plus, je dirais que lui aussi devenait alors impuissant face à une telle adversité. Du bouddha, de son bouddha, il ne restait plus rien, juste des souvenirs que personne ne voulait entendre. Ma famille m'a fait comprendre que j'étais allé trop loin et qu'il fallait me débrouiller seul. Au bout de quelques jours j'ai été une nouvelle fois transféré dans la clinique que j'avais quittée dix-huit mois plus tôt : rebelote.

Chapitre 32
Clinique

J'ai donc revu le médecin rigolard, l'air de ne pas y toucher il a
su maîtriser la situation. Pas la mélancolie qui ne bougeait pas,
mais la situation familiale dans mon esprit, précisant les rôles de
chacun, soulignant des réalités et des vérités que seul je n'aurais
pu soutenir. Ma mère faisait le service minimum en venant une
fois par semaine et en s'occupant de mon linge, c'était déjà
beaucoup, elle avait eu à faire du chemin pour cela après
l'agression. Ma sœur vint une fois me voir mais ne voulut pas
parler de ce qui importait, cela dura donc cinq minutes et je ne
l'ai depuis jamais revue. J'ai repris le lithium. Je partageais ma
chambre avec un patient alcoolique qui prenait mon rythme et ne
bougeait alors lui non plus pratiquement jamais du lit, il se levait
juste parfois pour fumer en cachette dans les toilettes ou avaler
quelques rasades d'un flash de whisky dissimulé dans son

placard. Nous n'avions quasiment aucune conversation. Tous les matins en se levant il me demandait « bien dormi ?» et je répondais « bof ». La vie au ralenti était à deux personnages. Il n'y a rien ou presque à raconter de plus, cela dura cinq mois et il ne se passa rien, très peu d'évolution. Cinq mois allongé dans un lit ou presque, ruminant, souffrant, ne voyant aucune solution ni psychique ni matérielle pour en sortir. Mon alcoolique parti, un autre le remplaça, puis un autre et encore un autre. Christian venait régulièrement me voir et j'allais parfois en forêt avec les deux jeunes pêcheurs qui ne m'avaient pas abandonné. Je vis un expert psychiatre en vue de la mesure de protection financière, j'étais cassé, sonné, il était bien difficile pour moi de trouver un seul intérêt à rester en vie. Je me poussais pourtant à sortir et me rendais dans un café Internet. C'est là qu'une correspondance débutée avec une jeune femme alors que je restais chez ma mère reprit. À la suite d'un message laissé sur un site ésotérique je lui avais alors écrit, ce message se voulait prophétique, elle le disait dicté à elle par ce qu'elle supposait être des entités célestes… Je pus tout lui raconter, l'impression d'être un bodhisattva de retour et mon hospitalisation. Je lui enregistrais aussi des messages audios avec un nouvel enregistreur, et c'est elle qui me proposa de sortir pour la rejoindre sur son lieu de vacances, à Rennes-le-Château.

Chapitre 33

Arcana

Sortir de la clinique et prendre le train représentaient déjà un
exploit. C'était un train de nuit, puis un bus à partir de
Carcassonne, jusqu'à Couiza, Arcana était là, au matin, elle
m'attendait. J'avais récupéré ma tente chez ma mère et je
l'installais près de la sienne à Rennes les bains, dans un petit
camping au pied de la montagne. Elle savait, je lui avais tout dit,
se rendait-telle compte. Non, on ne peut pas se rendre compte
mais elle savait. Elle fut parfaite, patiente et aimante. Je n'étais
pourtant qu'une plaie, presque effrayé par le soleil, je
m'allongeais beaucoup, il fallait compter sur une période de «
coma » journalière, où jc n'étais encore qu'une tête pensante,
couché sur le sol. Cela dura ainsi, elle partait chercher le trésor
alors perché dans "des cortex spatiaux -temporels cachés dans la
montagne", le trésor de l'abbé Saunière dont elle est friande

117

(connaissez-vous l'abbé Saunière, qu'a-t-il donc trouvé ?). Nous restâmes dix jours et elle me proposa de rentrer avec elle, à La Baule où elle habite. Je n'avais rien et non plus rien à perdre, de surcroît, je l'ai suivie. Nous vivons ensemble ainsi depuis environ sept mois. Nous nous sommes bien habitués l'un à l'autre finalement, elle est simple et si agréable. C'est moi qui ai appris à la freiner dans ses élans, les anges n'existent pas forcément à la maison désormais, il faut penser à l'éventualité. Je commence à aller mieux grâce à l'écriture de ce livre notamment qui me fait un but, je raconte mon histoire, comme s'il le fallait enfin. Je suis resté des mois allongé, j'ouvrais l'œil parfois, je ne savais plus ce qu'étaient des journées. Depuis quelques jours je vais mieux d'ailleurs, j'ai beaucoup écrit en peu de temps, il est certain que c'est un bon signe, ma peinture finalement reprise me plaît plutôt, quelque chose essaie de prendre forme. Et pourtant je sais que tout peut s'effondrer, il y a encore une semaine, il n'y avait rien dans ma tête. Je sais cela fragile, mais je serais étonné de remonter, de remonter vraiment. Je me sens fatigué, vieilli, physiquement et psychiquement fatigué. Quel sera le lendemain ? Le bouddha se réveillera-t-il un jour ou l'autre en moi ? Je ne sais pas, j'aimerais voir un Dieu décider.

Chapitre 34

Avant

Je n'étais pas un enfant difficile, je ne me souviens d'aucune
grosse bêtise, et ne pense pas qu'il y en ait eu. Personne
d'extérieur ne s'est jamais plaint de moi, et à l'école j'étais
toujours premier, chaque mois. Être premier était presque une
fatalité d'ailleurs pour moi, l'image du premier de la classe
véhicule chez les autres des clichés et je pense que cela me
complexait presque d'être premier. Mais je pensais qu'il en était
ainsi -malgré moi, je ne le faisais pas exprès- et qu'il allait
toujours en être ainsi. J'étais timide, mais j'avais des camarades.
L'un d'eux était un fils d'immigré yougoslave, Mathias, plutôt
l'un des derniers lui. Je l'ai souvent cherché sur le net par la suite,
je crois qu'il est entraîneur propriétaire de chevaux de course, des
chevaux de trot. Je suis né à Clermont-Ferrand ; bébé, l'eau au
robinet était de la Volvic. Nous ne sommes pas restés, Maine et

Loire jusqu'au CP puis Nevers jusqu'à la fin du collège. Mon père était ingénieur, fier de sa réussite lui permettant de nourrir sa famille sans que sa femme ait à travailler. Il connut pourtant plusieurs fois le chômage et c'est pourquoi en principe nous déménagions, changeant de lieu lorsqu'il retrouvait du travail. C'est en caravane d'ailleurs que nous avons atterri à Nevers, restant en camping le temps de trouver un logement. Je me souviens avoir appris ma toute première leçon scolaire en caravane, elle disait : « Les Gaulois savaient cultiver la terre, tisser des étoffes, forger des outils en fer ».

J'étais dans une école privée catholique, une école libre disait-on alors, ce n'était pas spécialement strict mais il y avait des cours de catéchisme et des messes régulières dans la petite chapelle de l'école. Mon père avait fait le séminaire, seul moyen pour lui, enfant de famille nombreuse modeste de faire des études, il avait alors fait les trois vœux, pauvreté, chasteté et obéissance. Il en partit pourtant. Mais les livres qui datent de cette époque montrent qu'il baignait alors dans quelque chose de très religieux. Ceci explique peut-être pourquoi je me suis retrouvé dans cette école. Je croyais en Dieu, chaque soir à l'aide d'un joli chapelet je priais. J'ai fait les deux communions, mais n'est jamais confirmé. J'étais un enfant désiré et je crois qu'ils ont été particulièrement heureux de tomber sur ce qu'on appelle le choix du roi, une fille et un garçon. Ma sœur était de quatre ans mon aînée. Les rapports avec ma mère étaient et sont toujours particuliers. Mes parents étaient stricts, l'ordre régnait à la maison et les coups pouvaient pleuvoir… Lui parfois, et elle aussi. Je me souviens du jour où j'ai arrêté sa main pour la première fois, j'étais devenu trop grand, plus fort qu'elle. Elle comprit et je compris que ce serait alors fini. Je me souviens aussi de la dernière raclée de mon père. J'étais adolescent, c'était une fête familiale, et il me demandait de débarrasser la table. Je pris toutes les assiettes sauf la sienne. Il se leva furieux et je compris qu'il allait frapper, je me couchais au sol impuissant, devant tout le monde, et reçu ainsi allongé ses coups de pieds. La plupart du temps les coups venaient après m'être disputé avec ma sœur, c'était alors toujours moi qui prenais. Il n'y a jamais de bonnes raisons de toutes façons de frapper un enfant, cela ne devrait pas exister. C'est d'un autre temps. Le fait que ma mère me frappe parfois influençait évidemment le lien que nous avions. Je l'aimais et je la haïssais, et il en est toujours ainsi, je ne semble pouvoir faire autrement. Mon père c'était différent, c'était plus distant et j'acceptais plus facilement je pense qu'il représente l'autorité, contrairement à ma mère je ne lui en veux pas, je pense à lui souvent, je me dis alors que la mort n'existe pas vraiment, qu'il peut me voir, et qu'il est fier de mes combats. Mais enfant ce n'était pas si simple.

Chapitre 35

La souffrance ni n'oublie ni ne pardonne jamais

Ma mère a passé sa vie, et surtout ma vie, à essayer de contrebalancer sa faute. Inconsciemment. Oui inconsciemment car elle a oublié. Anticipant notamment mes besoins à outrance. Moi je n'ai jamais vraiment oublié. En parlant parfois au hasard des rencontres, des confidences. Mais toujours dans une incertitude troublante. Je suis sûr mais je doute. Refoulement. Contagion pourrait-on dire de son système de défense, de sa négation, sur moi et mon développement psychique. Elle fit tout ensuite pour paraître ou pour devenir une bonne mère : serviable, protectrice et inquiète. Bouleversant la donne. J'ai dû me construire sur cette tromperie, sur cette tentative inconsciente de rachat. Mais, comme le dit mon titre, la souffrance ni n'oublie ni ne pardonne jamais. Mon pathos est grand. Et mon aliénation, si aliénation il y a, alternative, inconstante et destructrice. Comment se construire entre une haine revancharde étouffée et un amour filial naturel ? J'ai toujours pensé que ma mère était une personne gentille mais je l'ai toujours aussi silencieusement haï, voulant inconsciemment à mon tour, lui faire payer le prix de ses erreurs. Cela finira ou se traduira finalement par des coups rendus.

J'en ai parlé parfois à quelque thérapeute, comme une parenthèse qu'ils n'ont jamais vraiment creusée. Pourtant plus le temps passe plus je me rends compte de l'importance de ces faits dans ma construction. J'arrive à travailler dessus, mais cette résurgence tardive et nécessaire bouleverse tout. Qu'elle ne se souvienne pas ou peu, je révèle chez elle une faute qu'elle ne peut porter, quelle ne peut admettre, ce qui est logique puisqu'elle a tout fait pour l'occulter. J'ai essayé à plusieurs reprises de lui en parler au cours de toutes ces années. Il est possible qu'elle ait vraiment oublié. Il ne faut pas réduire la bipolarité à une simple et unique disposition génétique, si le bipolaire a une sensibilité à fleur de peau, cette sensibilité a souvent été mise à rude épreuve au cours de sa vie, il y a souvent des facteurs de vie pré-déterminants quant à l'irruption de la maladie. Wikipédia nous dit que l'on retrouve chez un patient bipolaire sur deux la notion d'abus sexuel et/ou physique durant l'enfance.

Chapitre 36

La lettre de la colonie de vacances

La colonie de vacances… J'avais huit ans. C'est moi qui ai voulu y aller et ça ne se passait pas bien. Que se passait-il ? Je ne sais pas, ça ne me plaisait pas. Je n'étais pas à l'aise avec tous ces enfants et cet encadrement. J'en ai un souvenir très vague, notamment de longues marches en rangs pour se rendre à la plage, qu'il y avait du chant, et un atelier pour faire des émaux. Mais bon, ça n'allait pas. Le courrier aux parents étant lu avant envoi j'ai décidé d'écrire ma lettre en cachette et de la poster ainsi. Mathias voulait faire comme moi, car Mathias était là lui aussi. J'ai écrit cette lettre pour demander à mes parents de venir me chercher parce que j'étais malheureux… Il y avait une formule que je n'oublierai jamais « si vous préférez l'argent à l'amour de votre fils… » : car j'avais conscience qu'ils avaient payé pour cela et je considérais donc qu'ils allaient perdre leur

argent. L'amour de leur fils n'était-il pas alors plus important ?
J'ai réussi à poster la lettre, Mathias la sienne, mais les
organisateurs ont eu vent de tout cela et ont je crois écrit aussi.
Nos parents se sont réunis, mes parents sont allés voir ceux de
Mathias pour en discuter, et décider. Décider de ne pas venir nous
chercher. Je me souviens très bien de moi, enfant, dans cette cour
d'école qui nous recevait. Marchant, triste comme jamais, je me
suis alors fait le serment de ne plus jamais leur faire vraiment
confiance, et quoiqu'ils disent de toujours me souvenir de cela.
J'étais seul désormais et j'allais devoir vivre ainsi, seul. La
colonie s'est finalement finie sans que j'en garde davantage de
souvenirs et je suis rentré. J'ai alors essayé d'aborder le sujet
avec ma mère, qui m'a dit penser que cette lettre n'avait pu être
écrite qu'avec l'aide d'un adulte, qu'elle était trop bien écrite,
qu'un enfant n'avait pu faire cela. Non seulement ils me
laissaient, mais en plus ils me sous-estimaient, ils ne
comprenaient pas qui j'étais : cette lettre avait été l'événement le
plus important de ma courte vie, mais je n'en dis rien. Tout a été
différent ensuite, cet épisode marque une frontière dans mon
enfance : je me suis mis à avoir honte de ma mère, je ne voulais
pas que les autres enfants la voient, j'avais une manie de ne
vouloir utiliser un couvert préalablement utilisé par eux, mes
parents, et même ma sœur, une sorte de dégoût de leur salive.
Oui, dans ma tête, j'étais désormais seul. Les résultats à l'école
n'ont pas baissé, mais je crois que je venais là de quitter
l'enfance, au profit de rien d'autre bien évidemment. Oui je dirais
encore aujourd'hui que cet événement marque la fin de mon
enfance. Et est sans doute ma première dépression. Oui dans cette
colonie de vacances pour la première fois je déprimais, et
personne n'a voulu m'aider.

Chapitre 37
La gynécomastie

L'adolescence fut plus triste, j'étais devenu grand physiquement
et je ne savais pas bien quoi faire de mon corps. Le tennis m'a
aidé, un jeu qui est un sport, j'y ai beaucoup joué. J'allais souvent
au cinéma, j'y rêvais, j'étais un rêveur. Les années sont passées et
la gynécomastie est apparue. Savez-vous ce qu'est la
gynécomastie ? Des seins. Des seins m'ont poussé. D'abord deux
petites boules étranges que j'essayais d'écraser du bout de mes
doigts, puis plus gros. Au début j'ai vu un médecin qui a trouvé
cela normal. Pourtant ils sont devenus anomalie. Je les cachais
toujours au regard des autres, personne ne devait s'en apercevoir.
Une véritable obsession. J'ai traîné ce malaise longtemps, je
dirais cinq années, il a structuré des choses chez moi, des
comportements, forger une personnalité de l'évitement et du
retrait. C'est un médecin que je consultais pour un ennui

gastrique qui se rendit compte du problème et je pris rendez-vous
chez un spécialiste à Paris. Il ne me prit pas d'abord au sérieux,
puis je lui montrais et fus vite opéré. Lorsque je suis rentré en
Math Sup, j'avais encore les fils de l'opération, ils me furent
retirés dix jours plus tard. Cette gynécomastie m'avait rendu
encore plus seul, retardé ma vie affective et mon entrée dans la
sexualité. Je me suis cru enfin libéré, la vie allait enfin pouvoir
commencer. Quand Florence arriva j'avais beaucoup à attraper, et
beaucoup à combler, c'est aussi pourquoi cette histoire fut si
intense. Florence ? Florence est la jeune fille de dix-sept ans.
Rappelez-vous… mon premier paragraphe, j'ai fait la boucle
désormais, je crois que je vous ai tout raconté. Rappelez-vous
qu'il existe des vies que vous ne soupçonnez pas. Ne m'oubliez
pas. Bouddha ou pas... Je suis Arthuro Jobsquare ou Bouddha O,
c'est selon.

Chapitre 38
La Kundalini

Le problème du bipolaire en phase maniaque est qu'il ne trouve pas dans la réalité traditionnelle des explications à ce qui lui arrive. Car il lui arrive bien quelque chose. Ce n'est pas une vue de l'esprit. Oui ses sens gagnent en intensité et souvent d'une manière qui lui parait à lui aussi incroyable. On semble vouloir assimiler la manie à une folie alors qu'elle est avant tout une expérience psychique réelle qui cherche et a besoin de sens. Ni le quotidien ni la psychiatrie ne lui expliquent ce qui se passe alors. Et le sens, le maniaque en a besoin. Il va parfois en trouver dans l'ésotérisme, la magie ou la mystique, seuls susceptibles à ses yeux d'expliquer ces phénomènes, il ne peut vivre ce qui se passe sans sens. C'est là qu'il va souvent se perdre et surtout s'éloigner des autres, même s'il a peut-être raison : c'est peut-être lui encore une fois qui perçoit une réalité que nous ne savons pas. Moi j'ai eu la chance de croiser des événements s'intégrant étrangement à ce que mes conclusions m'avaient amené à penser. Les événements consolidaient les pensées. Soigner le maniaque ne devrait pas se résumer à l'administration alors de neuroleptiques ou autres antipsychotiques, rejetant toute idée de mystique au profit d'un raisonnement aliénant. L'existence de la Kundalini notamment pourrait être une voie de réflexion nécessaire. Je ne suis pas le premier à me pencher sur cette hypothèse et l'on trouve un peu de littérature concernant ce sujet sur le net. La Kundalini est une supposée concentration d'énergie lovée dans le bas du dos. On trouve référence à son existence à la fois dans les traditions bouddhistes, hindouistes et islamiques. Par certains exercices l'on peut éveiller cette énergie, mais une libération trop brutale serait susceptible de créer chez le sujet une possible psychose, la libération de cette énergie étant normalement progressive tout au long de la vie. Sous l'effet d'émotions intenses elle pourrait aussi se libérer brutalement et de manière démesurée voire incontrôlable. Le corps est énergie, présente ou absente, énergie physique ou psychique. Travailler sur l'harmonisation de ces énergies me parait être une bonne idée. A la suite de ma première phase mélancolique, m'étant voûté, mon psychiatre m'avait prescrit des massages du dos dans le but de remuscler celui-ci. Je garde un excellent souvenir de ces séances de massages qui semblaient à la fois me détendre et me libérer de diverses tensions physiques et psychiques. Pourquoi ne pas essayer de soulager, voire de soigner, le mélancolique par des massages ? Car je rappelle que le mélancolique ne souffre pas uniquement psychiquement, il souffre aussi physiquement. Et pourquoi pas aussi le maniaque ? Évidemment, soigner ainsi le bipolaire -et pourquoi pas tous les déprimés- serait quasi révolutionnaire, mais pourquoi ne pas tenter ? Où est le risque ?

Ce serait en tout cas un sacré pied de nez à l'industrie
pharmaceutique qui brasse des millions sur toutes ces peines.

Chapitre 39
L'ego ou le Moi non réalisé

La bipolarité, une maladie de l'ego ou une maladie touchant l'ego ? Le Moi tente de se réaliser, mais est-ce le Moi qui finalement non réalisé se détruit pour changer et s'adapter ? Comment faire lorsque le Moi n'est pas mis en valeur, n'est pas existant dans la sphère extérieure, la sphère extérieure : les autres et la société, le bipolaire et tout homme doit trouver dans cette sphère extérieure une place sociale. Une place sociale que l'homme doit atteindre pour que son Moi existe et que son ego s'équilibre. Lorsque le Moi ne parvient pas à se réaliser, que devient l'ego ? Il enfle alors, et le bipolaire plonge dans la manie, ou bien il est exécuté au profit de la mélancolie. Cet ego qui enfle chez le maniaque n'est-il pas lié au fait que le maniaque manque de reconnaissance et que le Moi profond de l'individu ne parvient pas à subsister ? Il se sublime alors, une sorte de baroud d'honneur. Un artiste qui ne perce pas, un écrivain qui parvient à créer mais qui ne trouve pas de lecteurs. Le choix pour ceux-ci est-il de tout abandonner, de perdre le Moi, ou bien de rentrer dans un processus d'incompatibilité qui va faire perdre toute nuance à l'ego. A quoi ont rêvé les bipolaires ? N'ont-ils pas rêvé de trop grandes destinées ? Comment leur moi idéal s'est-il développé ? Maladie de l'ego ou maladie touchant l'ego.

Une autre question que je me pose en ce moment ; y a-t-il des bipolaires qui ne tombent jamais malade ? Avant ma première chute et l'événement la déclenchant, je peux dire que j'étais déjà bipolaire. Si cet événement n'avait pas eu lieu, serais-je tombé ? Ou aurais-je juste eu mon tempérament intense et aurais parfaitement vécu en accord avec lui ? Imaginons des clones de moi, vivants différemment, ne subissant pas les mêmes événements, tomberont-ils tous malades ? Et surtout que deviendront, s'il y en a, ceux qui ne tomberont pas ? Auraient-ils une grande et intense destinée ? Qu'est-ce que le Moi ? Il me semble profondément ancré parfois mais parfois aussi et de plus en plus souvent, il me semble le fruit malheureux et impuissant de faits qui le déterminent et le bousculent, voir qui le tuent.

Chapitre 40
Un jour au temple

Un jour au temple alors que j'étais assis un homme jeune et presque énervé vint me voir. Il s'assit près de moi. Ce qui était étonnant était qu'il n'avait pas ôté ses chaussures. Qui était-ce donc ? Je le reçu à ma proximité, il avait à me parler me dit-il, sur ce il me montra du doigt le nom de Srila Prabhupada, sur le livre que je tenais, comme s'il s'était agi de lui-même. Ce que je dis le calma, je ne sais plus exactement ce que je lui dis, mais il partit comme satisfait. Avec le recul je me dis que ce type n'avait rien à faire là et c'est pourquoi il était rentré avec ses chaussures et comme pressé de me parler. Il me sembla qu'il aurait pu s'agir d'un type lambda dont l'esprit de Srila Prabhupada aurait pu s'emparer quelques instants pour venir me rencontrer.

La vie est une folie passagère, la folie une vie passagère.

Je suis Arthuro Jobsquare ou Bouddha O,

c'est selon.

Bible   (1 Corinthiens 3, 18-19) :

« Que personne ne s'y trompe :
si quelqu'un parmi vous
pense être un sage à la manière d'ici-bas,
qu'il devienne fou pour devenir sage.
Car la sagesse de ce monde
est folie devant Dieu »

Nouveau Testament

(Evangile de Jésus Christ selon Saint Jean, Chap 16, verset 33) :

« Dans le monde, vous avez à souffrir, mais courage ! Moi, je suis vainqueur du monde »

Ce livre possède une suite :

Je suis un bipolaire qui a guéri - La science de l'esprit est la spiritualité et non la psychiatrie

Merci beaucoup pour votre soutien !

∞

Nemopode

∞

Mes autres livres:

Nom de plume

Bengano

Romans

Voyage(s)

(Roman existentiel et mystique se déroulant à Londres)

Passage

(Déracinement de l'ange)

Récits

Il est une fois O
(Testament d'un bouddha contemporain)

Il est une FOI O
(La Divine Histoire des Flammes Jumelles Cosmiques)

Poésie
Alors que je ne suis rien

Disponibles amazon Kindle
Versions ebooks et Papier

Merci à vous

Toutes et Tous

Un dernier mot au lecteur

Si ce livre vous a touché ou aidé, vous pouvez soutenir son existence en laissant un court avis honnête sur Amazon. Quelques mots suffisent : ils permettront à d'autres lecteurs de découvrir ce témoignage et d'oser, peut-être, porter un autre regard sur la bipolarité. Merci.

www.ingramcontent.com/pod-product-compliance
Lightning Source LLC
Chambersburg PA
CBHW051457250726

48655CB00001B/458